Sascha Bartnitzki

Piranha® Selling

Sascha Bartnitzki

Piranha® Selling

Mit Biss in eine neue Dimension des Verkaufens

Piranha Selling® ist eine eingetragene Marke.
Markeninhaber: Sascha Bartnitzki, Karlsruhe

Internet: http://www.innovatives-personaltraining.de
http://www.piranhaselling.de

ISBN 3-00-012059-9

Niemals war es einfacher
zu verkaufen als heute!

Sascha Bartnitzki

Inhaltsverzeichnis

Vorwort

Liebe Leserin, lieber Leser,

dieses Buch ist mit der Intention geschrieben, möglichst viele Menschen für die Erkenntnisse von Piranha Selling® zu begeistern. Entscheidend für den Erfolg als Piranha Seller ist die Bereitschaft, Bestehendes zu überdenken, die Offenheit, Neues aufzunehmen und der Mut, Dinge zu verändern.

Wenn Sie dieses Buch gelesen haben und *bereit* sind, Inhalte daraus zu leben, wird Verkaufen für Sie nichts Alltägliches mehr sein, sondern etwas ganz Besonderes. Sie werden für *jeden* Tag, an dem Sie als Piranha Seller arbeiten, dankbar sein.

Noch ein wichtiges Wort an die Leserinnen dieses Buches: Trotz der großen Bedeutung, die Ihnen heute im Verkauf zukommt und die ich persönlich sehr zu schätzen weiß, bitte ich Sie um Verständnis dafür, dass ich aus Gründen der Lesbarkeit in diesem Buch von „Verkäufer“ und „Kunde“ spreche. Denn ständige Doppelnennungen wie Verkäuferinnen und Verkäufer oder Kundinnen und Kunden würden schnell zu einer Strapaze beim Lesen führen. Alle Informationen in diesem Buch gelten selbstverständlich sowohl für Damen als auch für Herren.

Lesen Sie dieses Buch mit Freude und halten Sie sich ab sofort vor Augen: Piranha Selling® wird der Treibstoff für Ihre Zukunft als erfolgreicher Verkäufer sein! Ich wünsche Ihnen jetzt viel Begeisterung und einen festen Biss beim Lesen.

Sascha Bartnitzki *Karlsruhe, den 1. August 2003*

Piranha Seller

Einleitung

Wie bekannt kommt Ihnen das vor? Sie betreten die Fachabteilung eines Kaufhauses, da Sie sich für ein bestimmtes Produkt interessieren. Nun benötigen Sie nähere Informationen, um Ihre Kaufentscheidung zu treffen. Also machen Sie sich auf die Suche nach einer kompetenten Verkaufskraft. Die erste Person, die Sie ansprechen, ist „nicht zuständig". Eine weitere Verkäuferin und ihr Kollege drehen Ihnen schnell den Rücken zu, als Sie sich nähern – sie sind in ein intensives Gespräch vertieft. An der Kasse erfahren Sie dann auf Nachfrage, dass eben jene Dame und jener Herr die Fachabteilung betreuen, doch mittlerweile sind sie wie vom Erdboden verschwunden. Frustriert und entnervt verlassen Sie das Kaufhaus, ohne dort etwas gekauft zu haben.

Das Beispiel ist nur eines von vielen: Ganz gleich, ob Sie bei einer Bestell-Hotline anrufen, einen kompetenten Handwerksbetrieb suchen oder nur eine Frage zu einem Produkt oder einer Leistung haben – man *will* Ihnen offenbar *nichts* verkaufen!

Eine andere Situation: Sie kommen auf eine lockere Party bei Freunden und stellen fest, dass Sie viele der Eingeladenen nicht kennen. Höflich gehen Sie auf einige Gäste zu, um sich vorzustellen und zu erfahren, wen Sie vor sich haben. Die Wahrscheinlichkeit ist hoch, dass Sie dann im Kundenkontakt tätige „Distribution-Assistents", „Sales-Manager" oder Menschen kennen lernen, die sich damit beschäftigen, bestimmte „Produkte im Markt zu lancieren". Fast nie hören Sie die nackte Wahrheit: Hinter all den aufwendigen Umschreibungen oder wichtig klingenden Anglizismen verbirgt sich die Tatsache, dass diese Menschen einen Beruf haben, über den man offenbar nicht gern spricht – sie sind Verkäufer.

Schon oft habe ich mich in solchen Situationen gefragt, ob Verkaufen tatsächlich ein Makel ist. Entsprechende Versuche meinerseits, über dieses Thema mit den „Kollegen" ins Gespräch zu kommen, scheitern meist nach den ersten Sätzen. Denn bereits meine Antwort auf die Frage, was ich denn beruflich so mache, stößt immer wieder auf betretenes Schweigen und abschätzige Blicke. Dabei spreche ich nur die Wahrheit aus, wenn ich erkläre: „Ich bin Verkäufer – und zwar mit Begeisterung!"

Was also ist los mit einem ganzen Berufsstand? Warum versuchen so viele Verkäufer die Tatsache zu verschleiern, dass sie nichts anderes machen, als Produkte an die Frau und den Mann zu bringen? Wieso haben meine Kollegen das Bedürfnis, anderen mitzuteilen, dass sie eigentlich keine typischen Verkäufer sind? Und vor allem: Warum arbeiten diese Menschen dann oft jahrelang in einem Berufszweig, der ihnen (angeblich) nicht liegt?

In meinen Trainings rund um das Thema ‚Verkaufen' erlebe ich tagtäglich ganz ähnliche Reaktionen – und zwar von Teilnehmern, deren Beruf und Stellung oft unmittelbar vom Erfolg ihrer Verkaufstätigkeit abhängt. Verkaufen sei in der heutigen Zeit extrem schwierig, höre ich dann aus den Reihen der Teilnehmer – doch ist es nicht viel besser, wenn eine Tätigkeit als schwierig empfunden wird? Denn sonst würde sie ja jeder ausüben! Doch wie sollen diese unfreiwilligen oder gebremsten Verkäufer jemals erfolgreich verkaufen, wenn bereits die Grundeinstellung zum eigenen Beruf nicht stimmt? Kann man diesen – häufig zu Recht frustrierten – Menschen, die oftmals bereits seit Jahren ihre innere Kündigung vollzogen haben, überhaupt helfen?

Ja, man kann! Genau deshalb habe ich mir nach jahrelanger Tätigkeit als Verkäufer im Innen- und Außendienst meinen Lebenstraum erfüllt und 1995 eine eigene Trainingsfirma gegründet. Der entscheidende Anstoß zu diesem Schritt kam damals aus dem Radio: Als angestellter Verkäufer im Außendienst verbrachte ich viele Stunden im Auto, stets unterwegs von Kunde zu Kunde. Eines Morgens hatte ich vor einem Termin noch ein wenig Zeit für eine kleine Pause in der Morgensonne. Ich fuhr auf einen idyllischen

Parkplatz, klappte den Sitz in eine entspannende Liegeposition und drehte das Radio laut. Aus den Boxen schallte mir das Lied *„You can get it, if you really want"* von Desmond Decker entgegen – und ich habe an jenem Morgen zum ersten Mal bewusst auf den Text geachtet. *„You can get it if you really want, but you must try"* heißt es in dem Song, und weiter *„you've got your mind set on a dream"*, *„Rome was not built in a day"* und *„you'll succeed at last"*.

In diesem Augenblick wurde mir bewusst, was ich in Zukunft machen würde: Ich wollte andere mit meiner Erfahrung und meiner Begeisterung für meinen Beruf dabei unterstützen, ebenso engagiert und erfolgreich als Verkäufer zu arbeiten. Und ich wollte es anders machen, als viele meiner Trainer-Kollegen, die mit so genannten „Motivationsseminaren" und „Verkäuferschulungen" versuchen, Verkaufskräfte auf Erfolg zu trimmen. „Aus der Praxis für die Praxis" war von Anfang an mein Motto – und der Erfolg zeigt, dass dies der richtige Weg war und ist.

Aus den Trainings der letzten Jahre ist die Idee für dieses Buch entstanden – nicht zuletzt auf Wunsch zahlreicher Teilnehmer. Denn die Vorzeichen im Verkauf haben sich für alle spürbar gewandelt: Wir haben uns bereits vor Jahrzehnten vom Verkäufer- zum Käufermarkt entwickelt. Offensichtlich haben jedoch längst nicht alle Verkäufer das mitbekommen. Denn eines ist klar: Verändert haben sich seither weder die Grundlagen der Kommunikation im Verkaufsgespräch, noch die Kaufkraft an sich. Entscheidend ist heute vielmehr der Verteilfaktor dieser Kaufkraft. Wer also den Kunden begeistern möchte, muss möglichst genau wissen, wie sein Gegenüber denkt, fühlt, handelt und wie Entscheidungen getroffen werden.

Denn nie war es einfacher zu verkaufen, als heute. Neue Medien, Netzwerke und gezielte Marktforschungen haben das Kundenverhalten und seine Bedürfnisse mittlerweile umfassend durchleuchtet, Tendenz steigend. Der Kunde wird immer transparenter, der

Verkäufer informierter und besser – zumindest theoretisch. In der Verkaufspraxis hingegen ist davon bislang wenig zu spüren. Offenbar ist der Leidensdruck noch nicht hoch genug. Irgendwie schlägt man sich durch – noch macht der Kunde ja mit. Fragt sich nur, wie lange noch.

Und das ist Ihre Chance! Dieses Buch wendet sich deshalb an all jene Verkäufer, die bereits erkannt haben, worauf es in Zukunft ankommt; und auch an diejenigen, die bislang nicht wahrhaben wollen, dass sie etwas verändern *müssen.* Um erfolgreich zu verkaufen, sollten Sie in Zukunft nicht nur schneller sein, mehr über den Kunden wissen und dieses Wissen gezielt einsetzen, sondern vor allem einfach besser sein, als die Mitbewerber! Was Sie dazu brauchen, ist Kondition, Engagement, psychische Fitness und Biss – und das ist allein eine Frage des Trainings und der Einstellung.

Zugegeben: Am Anfang benötigen Sie dazu viel Kraft, vergleichbar mit einem Flugzeug in der Startphase. Wenn der Flieger dann jedoch hoch oben am Himmel schwebt, ist der Energieaufwand deutlich niedriger – und die Freude über das Flugerlebnis überwiegt.

Mit diesem Buch möchte ich Ihnen den Weg auf die Startbahn ebnen und Ihnen zeigen, wie der Beginn Ihrer Verkaufskarriere besonders dynamisch gelingt. Der Schlüssel zu Ihrem persönlichen Erfolg liegt dabei jedoch ganz allein bei Ihnen: Es ist *Ihr* Verhalten, das den Verkaufsprozess steuert – und es ist *Ihre* Ausstrahlung, die den potenziellen Käufer überzeugt oder auch nicht. „Begeisterung" ist das Zauberwort, das Ihnen Tür und Tor öffnet; der richtige Biss an passender Stelle bringt dann den gewünschten Erfolg.

Piranha Selling® ist deshalb weder einseitig als Handbuch, noch als reines Trainingsprogramm konzipiert, sondern als leicht verständliches Sachbuch, das die Voraussetzungen und Wege für erfolgreiches Verkaufen fundiert und praxisorientiert zusammenführt. Im ersten Teil des Buches geht es deshalb vor allem um eine kritische

Bestandsanalyse des gesamten Berufsstandes: Es geht um die Geschichte des Verkaufens an sich und um unser eigenes Selbstverständnis als Verkäufer, das Grundlage für Denken, Fühlen und Handeln im Verkaufsgespräch ist.

Am Beispiel des Piranha möchte ich Ihnen dann im ausführlichen zweiten Teil die vier entscheidenden Eigenschaften erfolgreicher Verkäufer vorstellen – und Ihnen konkrete Anregungen, Tipps und Beispiele geben, wie Sie selbst zu diesen „Piranha-Faktoren" gelangen. Jedes Kapitel steht dabei für sich und kann auch losgelöst von anderen Teilen des Buches gelesen und verstanden werden. Sie können sich also je nach Interessens- oder Stimmungslage in einzelne Abschnitte vertiefen, ohne gleich das ganze Buch lesen zu müssen. Damit entspricht Piranha Selling® ganz bewusst dem Bedarf und dem Arbeitsrhythmus vieler Verkäufer im Innen- und Außendienst – unabhängig davon, ob selbstständig oder in Festanstellung. Im Anhang finden Sie einige Literaturempfehlungen, die Ihnen bei der weiteren Beschäftigung mit dem Thema helfen sollen.

Mit Piranha Selling® möchte ich Sie dabei unterstützen, Ihr Verkaufsverhalten zu überdenken, zu optimieren und erfolgreicher zu machen. Das Bild vom Piranha soll Ihnen dabei helfen, den richtigen Biss zu erkennen und zu trainieren, auch wenn unsere Vorstellung vom Piranha teilweise nicht mit der Realität übereinstimmt.

Doch denken Sie daran: Vom Piranha mit seiner kampferprobten Überlebensstrategie redet man auf der ganzen Welt – der stille Goldfisch hingegen ist selten ein Thema von Erfolgsstories!

Teil A

Der Verkäufer – eine Spezies wird besichtigt

Kapitel 1
Zwischen Nervensäge und Verlierer – das Image des Verkäufers heute

Mit einem alten Schulkameraden, den ich lange nicht gesehen hatte, unterhielt ich mich vor einigen Jahren über unsere jeweiligen Berufswege. Als Inhaber einer kleinen Unternehmensberatung hatte er es zu einigem Ansehen gebracht. Er erwähnte jedoch im gleichen Atemzug, dass die Zeiten des schnellen Geldverdienens eindeutig vorbei seien – und auch er sich Gedanken um seine Zukunft machen müsse.

Seine Sorgenfalten auf der Stirn wichen ungläubigem Entsetzen, als ich stolz verkündete, seit Jahren Verkäufer zu sein. Ob ich denn gar nichts „Richtiges" nach der Schule gelernt hätte – und ob ich etwa auch noch im Außendienst tätig wäre, ich Ärmster, so waren seine mitleidigen Fragen. Da ich in der Tat Außendienstmitarbeiter einer technischen Firma war, entschloss ich mich spontan dazu, dem früheren Schulfreund zu erklären, *was* mich an meinem Beruf so begeistert. Ich erzählte ihm von den netten und gepflegten Kontakten zu meinen Kunden, der stetig steigenden Spannung im Verkaufsgespräch, meiner persönlichen Freude, wenn es mir wieder einmal erfolgreich gelungen war, ein Argument zu entkräften – und von dem Hochgefühl, einen Verkaufsabschluss erreicht zu haben, mit dem auch mein Kunde zufrieden war.

Doch ganz gleich, wie enthusiastisch ich die vielen abwechslungsreichen Facetten meiner täglichen Arbeit schilderte – er glaubte mir nicht. Wie viele andere auch war er davon überzeugt, dass nur die Verlierer der Gesellschaft als Verkäufer arbeiten, da dieser Job unangenehm, frustrierend und irgendwie anrüchig sei. Ich erkannte wieder einmal, wie weit verbreitet das schlechte Image war, das dem Verkäufer – unabhängig von Branche, Produkt oder Dienstleistung – anhaftet.

Verkäufer müssten eigentlich Gewinner sein!

Dabei galt der Verkäufer noch vor wenigen Jahrzehnten als allgemein anerkannter, da erfolgsorientierter Geschäftsmann! Allein die so genannten Wirtschaftswunderjahre nach dem Zweiten Weltkrieg trugen dazu bei, dass Verkaufen zum Symbol von Wohlstand, Modernität und Aufbruch wurde – und viele schwammen auf dieser Erfolgswelle mit. Wer etwas verkaufte, war quasi auf Erfolg programmiert. Und Erfolg wiederum brachte wirtschaftliche Unabhängigkeit und damit gesellschaftliche Anerkennung. Die Legende vom amerikanischen Tellerwäscher, der es zum Millionär gebracht hatte, war in aller Munde – und Verkaufen konnte jeder, der nicht auf den Mund gefallen war!

Bereits ein Jahrzehnt später hatte sich jedoch die Spreu vom Weizen getrennt: Richtig gute und seriöse Verkäufer verschwanden – von wenigen Ausnahmen abgesehen – in der Masse der unzähligen Schwätzer, Haustür-Geschäftler und Vertreter, die auf der Suche nach dem großen Geld quer durch die Republik reisten. Die Konkurrenz war groß, das tägliche Geschäft entsprechend hart. So bildeten sich schnell üble Drücker-Kolonnen, die mit nicht immer ganz sauberen Methoden zum Kaufabschluss drängten. Und das hatte Folgen: Denn fortan verband man mit einem ganzen Berufsstand all jene unangenehmen Erfahrungen, die man mit den schwarzen Schafen der Branche gemacht hatte – Widerstand zwecklos.

Erfolgreich, aber totgeschwiegen

Dabei gibt es gerade im Haustür- oder Heimgeschäft einige Erfolgsstories, die heute in Unternehmerkreisen als vorbildlich gelten. Die immer noch ausschließlich im Außendienst tätigen Vorwerk-Mitarbeiter verkaufen beispielsweise Jahr für Jahr etliche Staubsauger im spontanen Haustürgespräch – und die Zahl der Tupper-Parties, die europäische Haushalte durchführen, ist kaum mehr zu zählen. Trotzdem ist es praktisch unmöglich, jemanden zu finden, der zugibt, einen Vorwerk-Staubsauger zu besitzen oder regelmäßig Parties mit Plastikschüsseln zu veranstalten – zu groß ist offenbar die Gefahr, in den Sog des schlechten Verkäufer-Images zu gelangen. Fazit: Man kauft – aber man spricht nicht darüber.

Am Verkaufen an sich kann es also nicht liegen, dass dem Verkäufer ein schlechter Ruf vorauseilt – die Gesellschaft konsumiert nach wie vor um die Wette. Und die Unternehmen leben beinahe ausschließlich vom Verkauf von Waren oder Dienstleistungen; das System funktioniert. Dennoch gelten die meisten Verkäufer wechselseitig als zu lasch oder zu aufdringlich, zu stark oder zu wenig auf den Verkaufsabschluss fokussiert und als faul oder übereifrig. Traurig, aber wahr: Die öffentliche Meinung liegt hier gar nicht so weit von der Wahrheit entfernt! Denn die Verkäufer sind im Durchschnitt wirklich alles andere als Menschen, die sich zu ihrem Beruf *berufen* fühlen – und ihn deshalb auch tatsächlich hundertprozentig ausfüllen. Oder wann hatten Sie das letzte Mal beim Verlassen eines Geschäftes das Gefühl „Danke, dass ich hier Kunde sein darf!“?

Fehlende Zufriedenheit als eine Ursache

Egal, um welches Unternehmen oder welche Branche es sich handelt – das Thema ist meist hausgemacht. Verschiedene Studien zur Zufriedenheit und dem Engagement von Verkäufern sowie anderen Mitarbeitern haben hier überregional erschreckend eindeutige Ergebnisse erarbeitet: So gelten zum Beispiel überhaupt nur etwa 15 Prozent aller Mitarbeiter als im Beruf engagiert und interessiert! Nur dieser geringe Prozentsatz empfindet seine Arbeit tatsächlich als befriedigend – alle anderen haben keine wirkliche Bindung zu ihrem Unternehmen und haben im schlechtesten Fall innerlich gekündigt. Und was das für ein Unternehmen bedeuten kann, liegt auf der Hand: Versteckte Arbeitsverweigerung, hohe Fehlzeiten und mangelnde Produktivität sind nur einige der typischen Signale. Der gesamtwirtschaftliche Schaden ist entsprechend hoch; Fachleute reden hier allein in Deutschland von Euro-Beträgen, die sich jährlich im dreistelligen Milliardenbereich bewegen!

Jegliche Versuche, das fehlende Engagement von Verkäufern in einen Zusammenhang mit der jeweiligen Schul- oder Ausbildung zu bringen, sind übrigens gescheitert. Offenbar sind weder Bildung, sozialer Status noch das Lebensalter entscheidend für Zufriedenheit und Aktivität. Das Produkt und das Produktimage spielen hier keine Rolle – auch nicht in den so oft angeführten Kategorien ‚Qualität' und ‚Preis'. Diese Erkenntnisse erklären wiederum, warum beim (schlechten) Image von Verkäufern selten differenziert wird – Verkäufer sind eben Verkäufer.

Der Kunde wechselt das Produkt mit dem Verkäufer

Dazu passt auch die Erfahrung, dass der Kunde mit dem Verkäufer wechselt – und nicht mit dem Produkt. Hat der Kunde nämlich einmal einen von ihm als „kompetent" oder „sympathisch" empfundenen Verkäufer gefunden und dieser eine persönliche Bindung aufgebaut, bleibt der Kunde ihm meist über Jahre treu. Besonders augenfällig ist dieses Phänomen in der Versicherungswirtschaft: Verlässt ein Außendienstmitarbeiter sein Unternehmen und wechselt zu einem anderen Anbieter, nimmt er in der Regel einen Teil seiner Kunden „mit" – auch bei veränderten Konditionen.

Es kommt also beim Verkaufen auf das „WIE" an – und nicht auf das „WAS", wie viele immer noch meinen. Das „WIE" hängt wiederum eng mit dem Image des Verkäufers zusammen – und daran kann man arbeiten. Denn ein Produkt lässt sich vom Verkäufer nicht verändern, das eigene Verhalten schon. Und das sollte eigentlich Mut machen – zeigt es doch, dass man etwas an der eigenen Situation als Verkäufer bewegen kann. Im Einzelfall kann dies jedoch auch bedeuten, dass man konsequenterweise den letzten Schritt geht und kündigt, wenn man den Willen zur Veränderung im Beruf nicht hat.

In jedem Fall trägt ein engagiertes Hinterfragen des „WIE“ dazu bei, das Image des Verkäufers aufzupolieren – und zwar in jedem einzelnen Fall. Denn jeder Verkäufer, der es tatsächlich schafft, den Käfig „schlechtes Image“ zu verlassen, wird automatisch zum Propheten einer neuen Verkäufer-Generation und sorgt dafür, dass langfristig aus dem „Schwätzer“ ein interessanter Gesprächspartner und dem „Verlierer“ ein echter Gewinner wird! Und das ist Ihre Chance.

Kapitel 2
Verkaufen – vom Einzelkämpfer zum Massengeschäft?

Eigentlich fing alles ganz einfach an: Unsere Vorfahren tauschten die Waren, die sie entbehren konnten, mit anderen Menschen aus und erhielten dafür, was ihnen fehlte. Ein faires und einfaches Geschäft, das jedoch schon bald aus dieser einfachen C2C (Customer to Customer)-Konstellation ausbrach. Denn spätestens seit der Einführung von Zahlungsmitteln wie den ersten Münzen tat sich plötzlich ein immenser Markt auf, der weit mehr zu bieten hatte, als die eigenen Bedürfnisse zu decken. Oberwasser hatten plötzlich diejenigen, die einen Überblick über Produktzyklen, potenzielle Abnehmer, den Warenverkehr und die jeweils erforderlichen Zahlungsmittel und -konditionen hatten. Und das waren anfangs nicht viele, sondern nur jene Personen, die rechtzeitig den Wert des Verkaufsgeschäftes erkannt hatten und daraus ihre Konsequenzen zogen.

Starverkäufer der Geschichte: Medici, Fugger und Co.

Berühmte Beispiele aus der Geschichte illustrieren auch heute noch eindrucksvoll, wie verkaufen tatsächlich funktioniert – wenn auch unter anderen Vorzeichen. So verbindet man mit der Bezeichnung „Kaufmann“ automatisch die Namen Medici und Fugger – stellvertretend für überdurchschnittlichen Erfolg im Umgang mit Märkten, Abnehmern und Produkten.

Die Medici begannen ihren Aufstieg als einflussreiche Kaufmannsfamilie bereits im 13. Jahrhundert mit dem Handel von Luxusgütern und gezieltem Lobbying. Mitte des 15. Jahrhunderts gehörten die charismatischen Clanführer aus Florenz zu Europas erfolgreichsten Händlern mit zahlreichen Monopolen – auch im Bankgeschäft. Die Forschung beschäftigt sich seit Jahrhunderten mit den Erfolgsrezepten der Medici und kommt eigentlich immer wieder zu den gleichen Ergebnissen: Die Florentiner Kaufleute zeichneten sich über Generationen durch Beharrlichkeit und Fleiß, durch Sympathieträger und eine damals unübliche Offenheit im Umgang mit anderen, auch nicht Gleichgestellten, aus.

Ähnliche Faktoren spielten auch in der Erfolgsgeschichte der Augsburger Familie Fugger eine große Rolle. Hier war es jedoch vor allem das überdurchschnittliche Organisationstalent des Firmengründers Jakob Fugger, das zur Basis des Familienunternehmens wurde. Ähnlich einer modernen Datenbank speicherte Jakob alle wichtigen Informationen über Politik, Wirtschaft und Gesellschaft bei sich ab, verfolgte jede neue technische Entwicklung aufmerksam und verstand es insbesondere, dauerhafte Beziehungen zu wichtigen Persönlichkeiten zu knüpfen. Hinzu kam ein ausgefeiltes Informationssystem, durch das die Zentrale in Augsburg über eigene Boten meist schneller als die damaligen Herrscherhäuser über wichtige Geschehnisse Bescheid wussten. So konnte Fugger im Markt immer als erster reagieren – ehe sich die Anforderungen für alle veränderten. Unterm Strich profitierten davon seine Verkaufsgeschäfte, die er später mit der Fuggerei noch durch soziales Engagement ergänzte.

Die Jahrhunderte nach der Renaissance brachten immer wieder Kaufmanns- oder Verkäuferpersönlichkeiten hervor, die den Markt beherrschten. Die Konkurrenz war ohne Medien und schnelle Verkehrsmittel deutlich geringer und ließ für den einzelnen mehr Spielraum. Erst in der Neuzeit änderte sich dieses System; im 20. Jahrhundert mit immer schnellerem Wandel.

Das Paradies: der Verkäufermarkt der fünfziger Jahre

In den Nachkriegsjahren standen alle Zeichen auf Neuanfang. Nichts war mehr vorhanden vom alten Wohlstand; der Krieg hatte jeglichen Markt in Deutschland – und nicht nur dort – zerstört. Die Folge war ein erheblicher Mangel in allen Bereichen, angefangen bei Nahrungsmitteln über elementare Dinge wie Kleidung oder Wohnraum bis hin zu Konsumgütern. Zu Recht konzentrierte man sich zunächst auf die Beschaffung der erforderlichen Komponenten, um den Markt überhaupt in Schwung zu bringen. Rohstoffe mussten her – und die Produktionsstätten aufgebaut werden, wo sie verarbeitet werden konnten. Die Folgen des Krieges sollten den Markt für die nächsten zehn Jahre prägen: Die Nachfrage überstieg stets das Angebot – und aus der üblicherweise wechselseitigen Verkäufer-Käufer-Beziehung wurde ein reiner Verkäufermarkt.

Doch dieses Schlaraffenland für erfolgsverwöhnte Verkäufer sollte sich nicht lange halten – denn bereits in den sechziger Jahren veränderte sich die Situation einschneidend.

Ausgebremst – der Wandel zum Käufermarkt in den sechziger Jahren

Fachleute hatten es schon viel früher kommen sehen, doch den Betroffenen wurde es erst zwischen Hippies und Studentenunruhen bewusst: Viele Absatzmärkte funktionierten nicht mehr, weil das Angebot plötzlich die Nachfrage überstieg. Schuld daran war der Wettbewerb, der den Nachkriegsboom ebenfalls nicht verschlafen wollte. Der Markt reagierte immer zurückhaltender, da er schlicht und einfach gesättigt war. Die große Stunde der Werbung und Medien hatte geschlagen: Immer mehr aggressive Kampagnen wurden geschaltet, neue Marketingkonzepte vom Vorbild USA übernommen. Überall in den großen Unternehmen entstanden plötzlich so genannte Werbe- oder Marketingabteilungen, die für Umsatzsteigerungen gegen den Trend sorgen sollten. Die Verkaufspolitik konzentrierte sich dabei fast ausschließlich auf das Produkt: Alles war plötzlich neuer, besser, schneller, moderner oder amerikanischer. Und die stetig wachsende Bevölkerung konsumierte dankbar jeden neuen Trend.

Die Konkurrenz schläft nicht – die siebziger und achtziger Jahre

Der Schock kam aus Fernost: Hatte man doch jahrelang über Preise und Produktvorteile um die begehrten Käufer geworben – und plötzlich drängten die Japaner mit so genannten Billigprodukten auf den Markt! Das erstaunliche Detail: Der scheinbar doch so treue heimische Kunde griff beherzt zum vermeintlich schlechteren Konkurrenzprodukt zum besseren Preis – hatte ihm nicht zuletzt die Ölkrise und die steigende Arbeitslosigkeit finanziell zu schaffen gemacht. Die Asiaten als Retter des europäischen Käufers? Ganz so einfach war es dann doch nicht. Die „feindliche" Invasion zog nämlich wichtige Veränderungen nach sich: So begann man im Verkauf damit, den potenziellen Käufer wieder stärker ins Visier zu nehmen und den gesättigten Markt strategischer zu erobern. Auf die richtige Geschäftsidee, das aus Marketingsicht passende Produkt kam es an – und man konnte als Verkäufer trotz der plötzlich rückläufigen Bevölkerungszahlen optimistisch in die Zukunft blicken. Der Markt bereinigte sich, und wer gut war, blieb am Ball.

Ökologie und Ökonomie – der Markt der neunziger Jahre

Erschreckende Zahlen von führenden Umweltinstituten über die zunehmende Verschmutzung unserer natürlichen Ressourcen, Umweltkatastrophen sowie das wachsende Bewusstsein der Bevölkerung für Umweltbelange veränderten den Markt in den neunziger Jahren spürbar. Gefragt war plötzlich nicht mehr das Produkt allein, sondern auch das Umfeld, in dem es entstand. Ganzheitliche Ansätze bei Produktion, Vertrieb und Unternehmensführung stellten nun auch den Menschen – und zwar sowohl den Käufer als auch den Verkäufer – in den Fokus des öffentlichen Interesses. Das Marketing musste sich also von der reinen Werbe- und Vertriebsorientierung lösen und seine Rolle als Vermittler zwischen den unterschiedlichen Interessensgruppen neu definieren. Denn von nun an waren beide Gruppen – sowohl die Käufer als auch die Verkäufer – eingebunden in ein Netz von Erfahrungen, Werten und Bedürfnissen, die es neu zu entdecken galt. „Soziale Kompetenz“ und „Motivation“ waren plötzlich die gefragtesten Eigenschaften im Vertrieb.

Und was ist daraus geworden? Haben Käufer und Verkäufer aus der Entwicklung der letzten Jahre, Jahrzehnte oder gar Jahrhunderte gelernt? Wohl kaum – sieht man von wenigen rühmlichen Ausnahmen ab. Denn die veränderten Marktbedingungen machen immer wieder eines deutlich: Zuerst wandelt sich der potenzielle Käufer – und erst dann reagiert der Verkäufer, und zwar oft zu spät.

Wenn der Kunde König ist, wo steht der Verkäufer?

Das Überangebot an Waren und Dienstleistungen hat in den letzen Jahrzehnten zum Schlagwort „Der Kunde ist König“ geführt – mit teilweise absurden Auswüchsen: Denn nicht jeder Schmerzpatient ist begeistert, wenn ihm der Zahnarzt während der Wurzelbehandlung als besonderen Service Theaterkarten anbietet, und auch die junge Mutter möchte ihre Einkäufe schnell und unkompliziert genießen, ohne ständig etwas „gratis“ und mit vielen Worten angeboten zu bekommen. Der Kunde als König – ein Pflegefall?

Wohl kaum. Doch die Ausgangsbasis ist falsch. Denn das Verhältnis zwischen Käufer und Verkäufer ist ausgewogen, eine faire Angelegenheit also, die eigentlich keine künstlichen Hierarchien benötigt. Zwar ist das Dilemma offensichtlich, dass sich die meisten Käufer grundsätzlich vom Verkäufer un- oder missverstanden fühlen – aber muss man den Käufer deshalb gleich zum König krönen? Wurde nicht aus gutem Grund die Monarchie als Regierungsform vor langem abgeschafft? Die Abwertung des Verkäufers folgt so nämlich stehenden Fußes und verschlechtert seine Stellung im Geschäft ganz erheblich. Dabei ist der Kunde im Prinzip immer noch der gleiche, der früher einmal das Tauschgeschäft wollte. Er ist lediglich informierter und hat in der Regel eine breitere Marktkenntnis.

Was dies für den erfolgreichen Verkäufer bedeutet, liegt eigentlich auf der Hand: Sachargumente und Fachwissen sind nur noch eingeschränkt verkaufsentscheidend, gefragt sind andere Parameter. Auch der Preis spielt nur noch eine untergeordnete Rolle, da sich heute nicht weniger Geld im Markt befindet, als vor zehn oder zwanzig Jahren. Verändert hat sich lediglich der Verteilfaktor, sonst nichts.

Kapitel 3
Wir alle sind Verkäufer – ob wir es wollen oder nicht!

Falls Sie auch zu den Menschen gehören, die bislang dachten, Verkaufen liegt Ihnen nicht, sollten Sie spätestens jetzt umdenken. Denn bis zum heutigen Tag haben Sie es doch ganz gut geschafft, oder? Immerhin sind Sie ein frei denkender und handelnder Mensch, halten gerade ein Buch in der Hand und haben sich offenbar Zeit für die Lektüre genommen – ganz falsch können die hunderttausende Verkaufsgespräche, die Sie vorher in Ihrem Leben geführt haben, also nicht gelaufen sein.

Sie fragen sich jetzt, wovon die Rede ist? Es ist ganz einfach: Wir alle verkaufen uns jeden Tag in zig verschiedenen Verkaufsgesprächen – bewusst und unbewusst. Es beginnt bereits morgens bei der Kleiderwahl: In der Regel überlegen wir uns, was der bevorstehende Tag bringt und stimmen unsere Kleidung darauf ab. Denn wir möchten gefallen, nicht oder unbedingt auffallen, überzeugen oder uns einfach anpassen; und die Kleidung ist ein deutliches Indiz dafür.

Verkaufsgespräch Alltag – jeder macht mit

Es läuft den ganzen Tag so weiter – angefangen bei unserem Benehmen in der Öffentlichkeit bis hin zum vertraulichen Gespräch unter Freunden. Stets geht es darum, die eigene Person, die Persönlichkeit zu „verkaufen". Dazu gehört natürlich viel mehr, als nur die äußere Erscheinung. In unseren täglichen Verkaufsgesprächen verkaufen wir unsere Ideen und Meinungen, Wünsche und Vorstellungen, Ängste und Sorgen. Käufer sind dabei all jene, die im Laufe des Tages unseren Weg kreuzen oder über andere Medien wie Internet oder Telefon mit uns in Kontakt stehen: Partner, Kinder, Lehrer, flüchtige Flirts, Arbeitskollegen, Vorgesetzte und all die anderen Menschen aus unserer Umgebung. Sogar unsere Sprache und Wortwahl stellen wir darauf ein, indem wir zum Beispiel Kinder von einer Notwendigkeit mit anderen Bildern und Worten überzeugen, als Vorgesetzte oder Kollegen.

Eindeutig nachvollziehbar werden unsere täglichen Verkaufsgespräche im Berufsleben. Denn hier geht es oft tatsächlich darum, eine neue Idee, ein Konzept oder Manpower zu verkaufen. Auch hier stehen Sie als Verkäufer im Mittelpunkt – immerhin sind es *Ihre* Vorstellungen, die Sie bei Kollegen oder Vorgesetzten platzieren möchten.

Die hohe Schule des Verkaufens – das Bewerbungsgespräch

Eine besonders klare Situation ist in diesem Zusammenhang das Bewerbungsgespräch. Es gibt nur wenige Momente, in denen der Verkaufswillen so groß und so konzentriert zu Tage tritt, wie hier. Denn als Bewerber müssen Sie nicht nur Ihre äußere Erscheinung, Ihr Können und Ihre Qualifikation verkaufen, sondern gleichzeitig auch unterschwellig zeigen, dass Ihr Sozialverhalten zum möglichen neuen Job und den Vorgesetzten passt. Die abschließende Preisfrage ist hier existenziell – geht es doch um Ihre Bedürfnisse und Ihre Zukunft.

Nicht umsonst wird das Bewerbungsgespräch daher von vielen Verkäufern auch nach jahrelanger Erfahrung immer noch als besonders schwierig und extrem anstrengend empfunden.

Was viele Verkäufer jedoch gern vergessen: Nach einer erfolgreichen Bewerbung geht das Verkaufsgespräch weiter! Gemeint ist damit nicht Ihre Tätigkeit am Point of Sale (POS) – das ist ohnehin Grundlage Ihres Arbeitsvertrages – sondern Ihr Verhalten und Ihr Engagement rund um den Arbeitsplatz. Denn als Mitarbeiter eines Unternehmens sind Sie automatisch auch Verkäufer dieser Firma, der Geschäftsidee und aller Kollegen. Immerhin hängt von diesem ständigen Verkauf, der von Fachleuten meist mit Image, Corporate Identity oder Corporate Behavior umschrieben wird, auch Ihr Arbeitsplatz ab – ganz gleich, wie groß das Unternehmen ist. Nur wenn Ihr Unternehmen Gewinne einfährt und in jeder Hinsicht „gut“ dasteht, wird es dauerhaft Kunden finden, die mit Aufträgen auch Ihnen ein sicheres Gehalt finanzieren.

Wer damit aufhört, schadet allen

Funktioniert diese ständige Verkaufstätigkeit aller Mitarbeiter nicht, schlägt sich dies schnell in Zahlen und Bilanzen nieder. Ein unzufriedener Kunde ist gleichbedeutend wie zehn zufriedene Kunden, lautet eine allgemein gebräuchliche Regel – und sie trifft ziemlich genau den Kern der Sache. Unzufriedene Kunden, die im Verkauf schlecht beraten wurden, reden über ihren Ärger – zufriedene hingegen weitaus seltener.

Wenn Sie also zu den Mitarbeitern gehören, die diese gegenseitige Abhängigkeit von Verkauf und Gewinn für ein Unternehmen nicht mit tragen wollen, sollten Sie sich klarmachen, dass Sie Ihrem Arbeitgeber damit nicht nur nicht nutzen, sondern sogar schaden. Unabhängig davon, ob Sie im Außen- oder Innendienst, auf Messen oder am POS ein begnadeter Verkäufer sind – in dem Moment, wo Sie dieses Engagement nicht auch nach innen tragen, gefährden Sie kurz- und mittelfristig den Unternehmenserfolg und damit Ihre eigene Existenz.

Es ist also unnötig, sich in Gegenwart anderer über das Berufsbild des Verkäufers, sein Image oder gängige Vorurteile Gedanken zu machen – wir verkaufen alle zu jeder Zeit, ob wir wollen oder nicht. Warum also nicht aus der vermeintlichen Not eine Tugend machen und seine ganze Persönlichkeit, sein größtes Engagement in dieses doch sehr menschliche Verhalten einbringen?

Im Guinness-Buch der Rekorde ist der bis zum heutigen Tag erfolgreichste Verkäufer der Welt eingetragen: Der Amerikaner Joe Girard machte im Jahr 1973 auf sich aufmerksam , weil er 1.425 Autos verkaufen konnte, was einen Tagesschnitt von sechs Fahrzeugen ergab. In einer Talkshow soll er damals sein Erfolgsrezept verraten haben: „Ich habe niemals in meinem Leben auch nur einen Wagen verkauft – immer nur mich selbst."

Wer also erkennt, dass Verkaufen und Kaufen ein Grundverhalten unserer Art darstellt, dürfte deutlich gelassener mit der konkreten Verkaufssituation umgehen – egal ob als Verkäufer oder Käufer. Denn das wichtigste Ziel von Verkaufsgesprächen ist es nicht, andere vom Verkauf an sich zu überzeugen, sondern über die Persönlichkeit, das Engagement und gezielte Fachinformationen in eine konstruktive und positive Verkaufsatmosphäre zu kommen. Das Produkt wird dann nämlich zur angenehmen Nebensache – und der Verkauf erledigt sich im besten Fall ganz nebenbei und beinahe von selbst.

Kapitel 4
Das Selbstverständnis des Verkäufers

Verkaufen ist weder eine minderwertige, da nur bedingt anerkannte Tätigkeit, noch eine Strafe. Im Gegenteil: Verkaufen sollte Spaß machen, Freude bringen und begeistern. Im Idealfall sollte es mit Herz und Gefühl geschehen – doch die Realität ist davon leider weit entfernt.

In meinen Trainings erlebe ich diese Ambivalenz zwischen unternehmerischer Notwendigkeit und innerer Ablehnung immer wieder. „Ich verkaufe, weil mein Chef gesagt hat, ich soll das machen ...", heißt es dann auf meine Frage, warum man im Verkauf tätig ist. Standard ist auch die folgende Erklärung: „Ich verkaufe, weil auf meinem eigentlichen Tätigkeitsfeld gerade zu wenig zu tun ist ..." – und besonders häufig auch die Aussage „ich habe nebenbei den Verkauf auch noch mit aufs Auge gedrückt bekommen ...".

Den geborenen Verkäufer gibt es nicht!

Hinter diesen deprimierenden Geständnissen verbirgt sich ein Mangel an Wertschätzung, der so nur selten in an sich eher gut bezahlten Berufsbildern vorkommt. Außerdem sind viele Menschen davon überzeugt, dass es den „geborenen Verkäufer" gibt – und dass sie eben nicht zu diesem Typus gehören. Offenbar wird also immerhin erkannt, dass bestimmte Eigenschaften, Persönlichkeitsmerkmale und Verhaltensweisen eng mit dem Erfolg des Verkäufers zusammenhängen – ein erster Schritt in die richtige Richtung! Dennoch: Den geborenen Verkäufer gibt es nicht, genauso wenig wie den geborenen Arzt oder Architekten. Alle müssen für ihren Erfolg arbeiten und sich regelmäßig weiterbilden.

Verkaufen ist also nichts, das angeboren ist oder einfach hingenommen werden muss – es ist eine Haltung in Kombination mit einem bestimmten Verhalten. Zum erfolgreichen Verkaufen gehören dabei spezifische Talente und Fertigkeiten, die jeder erlernen, weiterentwickeln und zur Perfektion bringen kann. Und dieser Prozess darf nicht aufhören, sonst lässt der Erfolg zwangsweise nach! „Der Wald wäre sehr leise, wenn nur die begabtesten Vögel singen würden" lautet nicht umsonst ein Sprichwort – und das lässt sich mühelos auch auf die Situation von Verkäufern übertragen.

Wie sieht der ideale Verkäufer aus?

Allein die Behauptung, es gäbe „geborene Verkäufer" zeigt eindeutig, dass es typische Merkmale geben muss, die den idealen und erfolgreichen Verkäufer auszeichnen. Denn ganz offensichtlich fällt diese Spezies nur bedingt in das schlechte Image, das dem Berufsstand anhaftet. Zwar sind geborene Verkäufer nicht unbedingt sympathisch, werden dem gegenüber jedoch mit anerkennendem Nicken oder staunender Bewunderung belohnt – immerhin.

Ohne an dieser Stelle näher darauf einzugehen, wie der erfolgreiche Verkäufer zu seinem positiven Image kommt, liefert das damit verbundene Selbstverständnis interessante Hinweise für den eigenen Weg zum guten Verkäufer. Deshalb sollen sie in diesem Kapitel vorgestellt werden. Grundlage der nachfolgenden Zusammenstellung bilden intensive Gespräche, die ich über mehrere Jahre mit verschiedenen Erfolgsverkäufern geführt habe. Im Zuge der Nachbearbeitung hat sich hier eine Unterscheidung in die drei Bereiche „Persönliche Eigenschaften", „Organisatorische Kompetenz" und „Soziale Kompetenz" angeboten, da diese am besten die Fülle der gesammelten Merkmale wiedergeben.

Die Persönlichkeit als Eintrittskarte in das Verkaufsgespräch

Erfolgreiche Verkäufer sind nette, offene Menschen, die unverkrampft auch mit unvorbereiteten Gesprächssituationen umgehen können. Sie treten gepflegt und angenehm dezent auf, besitzen eine gute Allgemeinbildung, ein großes intuitives Einfühlungsvermögen und sind ausgesprochen zielstrebig. Dabei wirken sie alles andere als tough – im Gegenteil: Gerade ihr scheinbar ähnliches Wesen wie das des Käufers sorgt sofort für emotionale Nähe und eine angenehme Atmosphäre.

Dahinter verbirgt sich in erster Linie die Fähigkeit und Bereitschaft des Verkäufers, sich permanent selbst zu hinterfragen – eine Prozedur, der sich nur starke Persönlichkeiten stellen. Denn Selbstkritik ist unter Umständen unbequem – und damit muss man umgehen können. Selbstkritik bedeutet vielleicht auch, bequeme und geliebte Gewohnheiten über Bord zu werfen oder altbekannte Meinungen und Ansichten zu verändern. Dass dieses Vorgehen für Zögerer und Zauderer, Pessimisten oder grundsätzlich ängstliche Persönlichkeiten kein Spaziergang ist, kann jeder nachvollziehen.

Mit organisatorischer Kompetenz die Weichen stellen

Wer wirklich und von Herzen als Verkäufer arbeitet, weiß zu jedem Zeitpunkt, was er erreichen will. Die konkrete Zieldefinition in kleinen und großen Schritten dient dabei nicht nur als Erfolgskontrolle, sondern auch als Motor für neue, noch größere Herausforderungen. Der Weg dorthin ist die Strategie, die stets mit dem Unternehmen abgestimmt ist, um das Gesamtbild nicht zu stören. Sorgfalt und Ehrlichkeit gegenüber sich selbst ist bei diesen Themen höchste Pflicht – lassen sich doch nur schriftlich festgehaltene Vereinbarungen detailliert überprüfen!

Netzwerke und gezieltes Lobbying sind entscheidende Mittel für gute Verkäufer, um langfristig zu erfolgreichen Abschlüssen zu kommen. Der Aufwand ist hier nur scheinbar groß – haben doch gut geknüpfte Netze nicht nur die Eigenschaft, sich irgendwann selbst zu tragen, sondern sind zudem auch noch in der Lage, andere aufzufangen!

Damit der erfolgreiche Verkäufer nicht irgendwann auf das rettende Netz eines anderen angewiesen ist, hat er sich zudem meist eine persönliche Strategie zum Umgang mit Erfolg, Misserfolg und den damit verbundenen Energiereserven zurecht gelegt. Ganz gleich, ob es ein intaktes Privatleben, sportliche Aktivitäten oder Gesundheitsförderung sind – stets kann er auch kurzfristig auf diese Welt außerhalb des Verkaufes zurückgreifen, um „aufzutanken".

Außerdem ist Fort- und Weiterbildung ein elementarer Baustein für die berufliche Tätigkeit. Im Gegensatz zu Menschen, die nicht gern und freiwillig im Verkauf tätig sind, erkennen die Erfolgreichen diesen Bedarf von Anfang an und lassen oft auch im hohen Alter in Sachen Bildung nicht nach. Scheinbar fachfremde Themen gehören hier immer wieder dazu – sei es, um die Allgemeinbildung zu verbessern oder um den Horizont für neue Perspektiven zu erweitern.

Sprache haben erfolgreiche Verkäufer übrigens nicht nur als Kommunikationsweg erkannt, sondern sie nutzen dieses Tool auch gezielt, um Gespräche zu strukturieren. Dabei helfen neben rhetorischen Stilmitteln vor allem Fragetechniken, Argumentationsketten und verbal umgesetzte Bilder.

Durch soziale Kompetenz Kundennähe leben

Besonders breit gefächert sind die Facetten der sozialen Kompetenz, die typisch für erfolgreiche Verkäufer sind. Neben scheinbar selbstverständlichen Eigenschaften wie Höflichkeit und guten Umgangsformen ist hier vor allem die tatsächliche Beziehungsebene bedeutend. Nur auf dieser Ebene kann nämlich Vertrauen entstehen – eine Grundvoraussetzung für den erfolgreichen Abschluss.

Der gute Verkäufer setzt also im Verkaufsgespräch und in der begleitenden Kundenbetreuung vor allem auf die Beziehungsebene, um sich dem Kunden zu nähern. Dazu hört er aufmerksam zu, versucht „zwischen den Zeilen" zu lesen und konzentriert sich voll und ganz auf sein Gegenüber. Nur so ist er in der Lage, leise emotionale Schwingungen oder Signale wahrzunehmen, die vielleicht für die Kaufentscheidung von Bedeutung sind! Spontanität und Intuition sind hier der Schlüssel zum Erfolg – Fertigkeiten, die zu einem großen Teil auf Erfahrung und Selbstsicherheit beruhen.

Steinig, jedoch steil nach oben: der Weg zum erfolgreichen Verkäufer

Zugegeben: wer hofft, all diese persönlichen, organisatorischen und sozialen Fertigkeiten und Eigenschaften innerhalb der nächsten Stunden erwerben zu können, befindet sich auf dem Holzweg. Ganz so einfach ist es natürlich nicht – sonst sähen die Erfolgszahlen im Vertrieb insgesamt besser aus. Dennoch ist es für jeden möglich, der wirklich willens ist, ein guter Verkäufer zu werden, das eigene Verkaufsverhalten deutlich zu optimieren und so ganz neue Dimensionen zu erreichen – also auch für Sie!

Dabei gehen Sie eigentlich kaum anders vor, als Pflanzen und Lebewesen in der Natur: Immer dann, wenn sich Gegebenheiten ändern, passen Sie sich der neuen Situation an. Nur so ist ein kontinuierliches Fortkommen als Spezies gesichert – wie schon Charles Darwin erkannte : „Survival of the Fittest".

Ihr Erfolg hängt also unmittelbar von Ihrer Flexibilität ab – und von der Bereitschaft, tatsächlich etwas zu verändern. Sie wollen, dass man von Ihren Verkaufserfolgen spricht – also beginnen Sie mit sich selbst. Hinterfragen Sie Ihr persönliches Selbstverständnis als Verkäufer und bitten Sie andere darum, eine Einschätzung abzugeben. Lassen Sie sich dabei von bitteren Wahrheiten oder unangenehmen Details nicht ablenken und konzentrieren Sie sich auf Ihr Ziel: Sie wollen in Ihrem Beruf und Ihrem Selbstverständnis besser werden. Der Weg dorthin mag Ihnen manchmal steinig oder schwierig erscheinen, doch in Wirklichkeit handelt es sich um eine neue, spannende Herausforderung in Ihrem Leben. Und eines sollten Sie nicht außer Acht lassen: Mag der Weg auch noch so steinig sein – er führt steil nach oben!

Kapitel 5
Der Piranha – von Natur aus erfolgreich!

Piranha Selling® ist ein neu kreierter Begriff für erfolgreiches Verkaufen. Warum ausgerechnet der südamerikanische Raubfisch Pate für die herausragenden Eigenschaften von guten Verkäufern stand, hat dabei nur bedingt mit den biologischen Tatsachen zu tun – die ohnehin fast niemand kennt.

Allgemein verbreitet ist hingegen der Mythos, der den Piranha umgibt. Und der hat es in sich: So gilt der Piranha in erster Linie als gefürchtetes Raubtier, das dort, wo es zuschnappt, stets erfolgreich und schnell sein Ziel erreicht. Dabei ist es nebensächlich, dass der Fisch in der Realität nur in Gruppen auftritt; bereits ein einziger Räuber dieser Art löst panische Reaktionen aus. Als zum Beispiel ahnungslose Hobbyangler vor einiger Zeit überraschend einen ausgewachsenen (und offenbar ausgesetzten) Piranha bei Heidelberg aus dem Neckar fischten, überschlugen sich die Horrormeldungen in Presse und Medien förmlich. Dabei drohte von dem aus seinem gewohnten Lebensraum herausgerissenen Tier in den trüben Tiefen des Neckars wirklich keinerlei Gefahr.

Der Piranha als Statussymbol

Auch Hobbyzüchter sind bereits vor Jahren auf den südamerikanischen Schnellfresser gekommen. Barsche und Zierkarpfen im Aquarium reichen vielen nicht mehr aus – wer etwas auf sich hält, umgibt sich mit Piranhas. Keine Frage, die Fütterung ist spektakulär: Kaum ist ein Stück Lebendfutter oder Fleisch in die Tiefen des Aquariums eingetaucht, wird es von den Raubfischen in rasender Geschwindigkeit auseinandergenommen und bis auf den letzten Krümel verspeist. Zurück bleibt ein einsames Skelett und das Selbstbewusstsein des stolzen Züchters, der sich den täglichen Umgang mit diesen ach so gefährlichen Fischen zutraut.

Das interessante Detail: Obwohl der Piranha immer wieder zum alles vertilgenden Monster hochstilisiert wird und schauerliche Geschichten dieses Bild vervollständigen, ist man doch fasziniert und beeindruckt von der Konsequenz des an sich unscheinbaren Fisches. Immerhin gelingt es ihm im Schwarm Tiere zu erlegen, die um ein Vielfaches größer sind, als er selbst. Wahrscheinlich kennt jeder die Berichte über ahnungslose Haustiere, die sich kurz in den Fluten des Amazonas erfrischen wollten und innerhalb weniger Sekunden vollständig zerfleischt wurden. Gern zitiert werden regelmäßig auch fürchterliche Geschichten von Hobbyzüchtern, die angeblich ihre Hand verloren, während sie Futter ins Aquarium legten oder etwas reparieren wollten.

Die Strategie: Überraschung und Schnelligkeit

Allen Berichten ist dabei eines gemeinsam: Der Piranha wird stets als Fisch beschrieben, der extrem schnell und berechnend zuschlägt und damit seine oft verblüffend großen Gegner überrascht. Das Opfer selbst hat dann keine Chance – einmal zwischen die scharfen Zähne eines Piranhas gekommen, gibt es praktisch keine Rettung mehr.

Biologen wehren sich seit Jahren gegen das angriffslustige und (teilweise) schlechte Image des kleinen Raubfisches. Eigentlich ist der Piranha eher zurückhaltend. Hat er jedoch ein Opfer im Visier, gibt es kein Halten mehr! Dabei übernimmt er in seinem natürlichen Lebensraum eine wichtige Funktion, da er neben Frischfleisch auch verletzte, kranke oder tote Fische vertilgt. Damit verhindert er den Ausbruch von Seuchen und Krankheiten in einem sehr großen Verbreitungsgebiet. Doch der Piranha ist nicht völlig unempfindlich gegen sein Umfeld und alles andere als blind vor Gier: Er reagiert als aufmerksamer Jäger ausgesprochen sensibel auf alles, was ihn umgibt und berücksichtigt jede Bewegung, jede Regung, jedes Detail, das ihm auffällt. Für seine Erfolgsbilanz ist diese natürliche

Vorsicht von Vorteil, denn dadurch gelingt es ihm, stets im günstigsten Moment zuzuschlagen.

Der Verkäufer – Piranha, Goldfisch oder Aal?

Als Verkäufer kann man von den Erfolgsstrategien eines Piranhas nur träumen. In kurzer Zeit zum optimalen Erfolg, das ist für viele unvorstellbar – leider. Denn die Realität der Verkäuferlandschaft sieht eher wie ein langweiliger Tümpel aus: Hübsche, aber völlig harmlose Goldfische bevölkern in Scharen die heimischen Gewässer, ohne tatsächlich etwas auszurichten.

Doch auch der Verkäufertyp „Aal“, der im Gegensatz zum Goldfisch weitaus schwieriger zu packen ist, wird dadurch nicht erfolgreicher. Unscheinbar und oft mit leichtem Ekel betrachtet schlängelt er sich irgendwie durch das Leben, ohne Spuren zu hinterlassen.

Ganz anders der Piranha: Als Wesen mit ausgeprägtem Jagdfieber, Überraschungstaktik und festem Biss ist er allgemein anerkannt, bewundert und von den Mitbewerbern gefürchtet. Denn wie keinem anderen gelingt es ihm, sein Revier sauber und systematisch abzuarbeiten – und so das vorhandene Potenzial tatsächlich auszuschöpfen.

Eine neue Dimension: Piranha Selling®

Schaut man einmal genauer hin, lässt sich die Schnittmenge im Verhalten der Raubfische und erfolgreicher Verkäufer mühelos darstellen. Beide jagen zum Beispiel in einem Revier, in dem ihre Tätigkeit Sinn macht, da sie dort Beute finden. Das Jagdrevier des Fisches ist extrem groß – vergleichbar mit dem Verkaufsgebiet eines Außendienstmitarbeiters. Trotzdem weiß der Piranha immer, wo er seine Beute findet, wie auch der gute Verkäufer seine (potenziellen) Kunden kennen sollte.

Hat der Piranha eine Beute ausgemacht, wird sie zunächst genau beobachtet. Jede Bewegung registriert der Raubfisch, keine Verhaltensänderung entgeht ihm. Im Verkauf ist diese Phase entscheidend – und extrem wichtig sowohl für die Gesprächsvorbereitung als auch das Verkaufsgespräch an sich. Denn nur, wer seinen Kunden kennt und einschätzen kann, ist in der Lage, sein Verhalten zu deuten und vorherzusehen – und damit das Verkaufsgespräch zu steuern. Erfolgreiche Verkäufer kennen den Kunden deshalb ganz genau, wissen um seine typischen Verhaltensmuster und können auch spontane Regungen geschickt einkreisen und steuern.

Überraschender Angriff und ein fester Biss

Der Angriff des Piranha erfolgt stets überraschend. Meist erkennt das Opfer die Gefahr nicht einmal dann, wenn ihm bereits erste Bisse zugefügt wurden – so schnell giert der Raubfisch. Ähnlich unvermittelt prescht der kluge Verkäufer vor, um eine ideale Ausgangsposition zu schaffen. Der Käufer bemerkt meist gar nicht, dass er sich bereits in einem klassischen Verkaufsgespräch befindet. Davon profitiert der Verkäufer, der in dieser Gesprächsphase interessante Details über die Bedürfnisse, Ängste und Ansprüche des Kunden erfährt. Die Gesprächsatmosphäre ist locker, obwohl der Verkäufer bereits zugeschnappt hat und einen entscheidenden Schritt in Richtung Verkaufsabschluss gegangen ist.

Ist die Beute erst einmal in den Fängen des Piranha, hat sie keine Chance! Der Biss des Raubfisches ist derart sicher und beharrlich, dass ihm die Beute nicht mehr lebend entgeht. Die Natur hat ihn zu diesem Zweck mit einem außergewöhnlich starken Gebiss ausgerüstet, das mit spitzen Zähnen überall durchdringt. Nun zeichnen sich gute Verkäufer nicht unbedingt durch scharfe Zähne aus – Biss haben sie jedoch allemal! Auch sie bleiben dran und schaffen es immer wieder, die Einwände des Kunden zu entkräften und einen Abschluss herbeizuführen, mit dem kleinen Unterschied, dass der Kunde im Idealfall begeistert und zufrieden mit dem getätigten Geschäft ist. Denn ein guter Verkäufer arbeitet – ähnlich dem Piranha – sauber und hinterlässt keinen Abfall am Ort des Geschehens. Gemeint ist damit die Kunst, weder negative Emotionen noch das Gefühl, etwas Unnötiges gekauft zu haben, beim Kunden zu evozieren. Denn natürlich möchte der Verkäufer irgendwann wiederkommen und die erfolgreiche Geschäftsbeziehung fortsetzen.

Hier trennen sich nun die Wege von Piranha und gutem Verkäufer. Denn ein Piranha hinterlässt am Ort des Geschehens allenfalls abgenagte Skelette, Trübsal und keine Spuren von Leben, was für den Verkäufer fatal wäre! Will er nämlich auch weiterhin erfolgreich arbeiten, muss er dafür sorgen, positive und erfreuliche Akzente zu säen. Diese Saat pflegt er sorgfältig über Tage, Wochen, Monate oder vielleicht auch Jahre – um dann irgendwann zu ernten und ein neues Geschäft mit dem Kunden zu machen.

Piranha Selling® – eine neue Chance für jeden Verkäufer

Mit Piranha Selling®, also einem Verkaufsverhalten oder einer Verkaufsstrategie, die sich in groben Zügen am Verhalten des Piranha orientiert, schaffen Sie es, Ihre Erfolgsbilanz innerhalb kurzer Zeit erheblich zu verbessern. Die Branche, in der Sie arbeiten, spielt dabei ebenso wenig eine Rolle, wie Ihr Klientel. Egal, ob Sie im B2B-Geschäft im Innendienst (Business-to-Business), im reinen Telefonverkauf, als B2C-Profi (Business-to-Consumer) im Außendienst oder als Einzelkämpfer für die eigene Firma unterwegs sind – die Anforderungen an Sie sind stets die gleichen.

Deshalb ist es hilfreich, sich wie der Piranha Verhaltensweisen anzueignen, die das eigene Handeln von vorne herein auf Erfolg programmieren. Piranha Selling® ist so gesehen ein Training, das Ihnen ausgehend vom Raubfisch Schritt für Schritt beibringt, Ihr Verkaufsverhalten zu optimieren. Dazu müssen Sie sicherlich das eine oder andere neu lernen, gewohnte Verhaltensmuster abstreifen oder manches Mal gar über Ihren Schatten springen – doch es lohnt sich. Denn mit Piranha Selling® setzen Sie in Ihrem Beruf als Verkäufer neue Maßstäbe, und das trägt letztendlich auch zu Ihrer persönlichen Zufriedenheit bei.

Strategische Jagd mit Piranha-Faktoren

Ist es Ihnen irgendwann gelungen, Ihr „Jagdverhalten" im Verkaufsgespräch zu verändern und dem Erfolgskonzept des Piranha anzugleichen, ist es an der Zeit, kritisch an sich selbst zu arbeiten. Dabei geht es vor allem darum, die vier entscheidenden Erfolgsfaktoren als Verkäufer zu erkennen und für sich selbst umzusetzen. In Anlehnung an das Verhalten der südamerikanischen Raubfische bezeichne ich diese Erfolgsparameter als „Piranha-Faktoren". Sie werden im nun folgenden zweiten Teil dieses Buches ausführlich dargestellt, mit praktischen Beispielen untermauert und mit konkreten Tipps für Ihre tägliche Arbeit versehen. So können Sie Ihre neu gewonnenen Erkenntnisse sofort im Berufsalltag umsetzen.

Ich bin mir ganz sicher: Sie werden begeistert sein, wenn Sie nach kurzer Zeit feststellen, wie viel Spaß Piranha Selling® Ihnen machen wird!

Teil B

Die 4 Piranha-Faktoren des erfolgreichen Verkäufers

Der Vergleich mit den Jagdstrategien des Piranha hat gezeigt, dass es also bestimmte und konkret benennbare Erfolgsfaktoren gibt, die einen überdurchschnittlich guten Verkäufer von der Masse seiner weniger erfolgreichen Kollegen unterscheiden. So facettenreich und vielseitig diese Erfolgsfaktoren auf den ersten Blick auch sein mögen, letztendlich lassen sie sich in wenige Kategorien einteilen – angefangen bei der eigenen Begeisterung über das Fachwissen bis hin zu Ausdauer und Biss. Entscheidend dabei ist die richtige Mischung aus „harten“ und „weichen“ Faktoren, also die Frage nach dem „WAS“ und dem „WIE“.

„WIE“ macht erfolgreich!

In meiner langjährigen eigenen Erfahrung als Verkäufer und Trainer konnte ich eine interessante Beobachtung machen, die ich später in gezielten Studien zusätzlich verifiziert habe. Grundlage dieser Studien war die scheinbar verblüffende Erkenntnis, dass erfolgreiche Verkäufer den am erreichten Abschluss verantwortlichen Anteil „harter“ Faktoren wesentlich niedriger einstufen, als durchschnittliche oder erfolglose Verkäufer. Auf den Punkt gebracht heißt das zunächst einmal nichts anderes, als dass richtig gute Verkäufer weitaus weniger Fachwissen in ihr Verkaufsgespräch einfließen lassen, als schwächere. Und das geschieht nicht etwa aus Unkenntnis, sondern folgt einer überaus erfolgreichen Strategie.

Die Praxis zeigt in der Tat, dass sich die schwächeren Verkäufer in ihren Gesprächen extrem stark auf das „WAS“ konzentrieren und den potenziellen Kunden mit Fachwissen und der eigenen Kompetenz geradezu erschlagen. Ihre erfolgreicheren Kollegen hingegen verwenden deutlich weniger Zeit und Energie für das zu verkaufende Produkt oder die Dienstleistung und konzentrieren sich stattdessen schwerpunktmäßig auf das „WIE“.

Bestätigt wird diese Erkenntnis durch den Berufsalltag erfolgreicher Verkäufertypen, die in der Lage sind, bei einem Arbeitgeberwechsel mühelos von Damenoberbekleidung zu Schreibwaren oder Haushaltsgeräten zu wechseln. Es ist also offenbar egal, was ein guter Verkäufer an die Frau oder an den Mann bringt, wenn er weiß, *wie* er es tun muss!

Besonders signifikant sind die Unterschiede zwischen erfolgreich und erfolglos im Bereich des persönlichen Engagements der befragten und beobachteten Verkäufergruppen: Nur rund fünf Prozent der hauptberuflich tätigen Verkäufer setzen sich regelmäßig und aus eigenem Antrieb dafür ein, ihre Gesprächsführung und andere Verkaufstechniken (also die so genannten „weichen Faktoren“) durch Trainings oder Coachings zu verbessern. Dabei geht es zum Beispiel um Themen wie Fragetechniken, Körpersprache und Empathie, die erfahrungsgemäß am besten im unmittelbaren Austausch mit anderen Menschen optimiert werden können.

Verschwenden Sie weder Zeit noch Energie!

Demgegenüber konzentrieren sich immer noch knapp 95 Prozent aller Verkäufer unter dem Deckmantel der „Fort- und Weiterbildung“ allein auf die Informationsbeschaffung über das Produkt selbst, seine Qualität und den Preis – und verschwenden damit unglaublich viel Zeit und Energie! Obwohl sie auf diesem Weg scheinbar etwas Essenzielles für den Arbeitgeber oder ihren Job leisten, sind sie dadurch ökonomisch fast untragbar.

Die tabellarische Gegenüberstellung macht die Schieflage zwischen Anspruch und Wirklichkeit besonders deutlich:

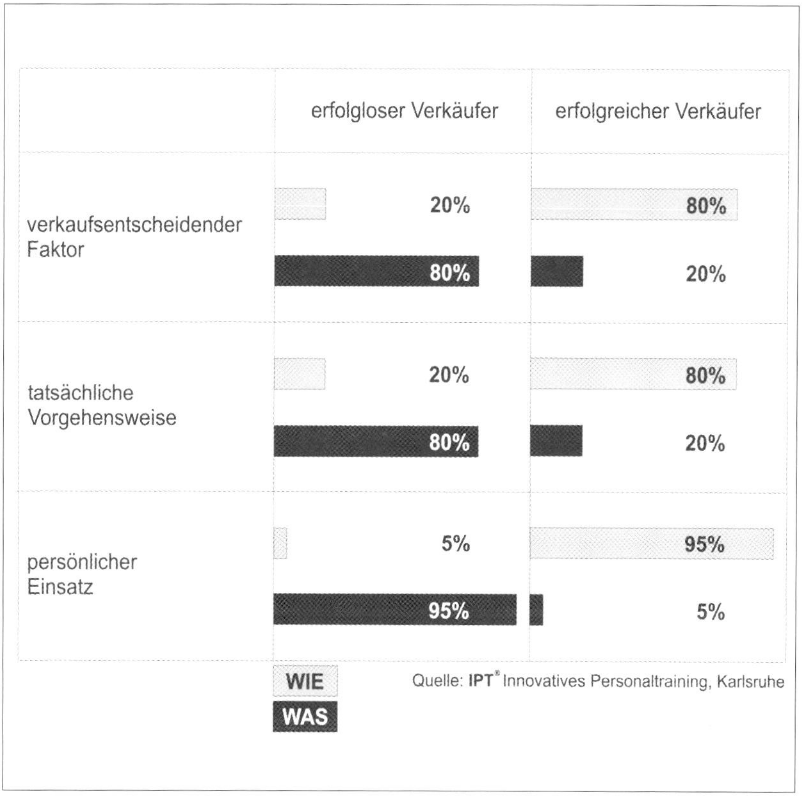

Die Piranha-Faktoren: 80 Prozent „WIE", 20 Prozent „WAS"

Die Praxis zeigt es immer wieder: Nur 20 Prozent so genannter „WAS"-Faktoren sind im erfolgreichen Verkaufsgespräch relevant, während 80 Prozent „WIE"-Faktoren den Verlauf entscheidend steuern. Diese meiner Meinung nach extrem wichtigen Zahlen werden in dem nun folgenden zweiten Teil des Buches konsequent berücksichtigt, indem die Kapitel diese qualitative und quantitative Gewichtung aufgreifen. Wenn es also nun um die vier Piranha-Faktoren erfolgreicher Verkäufer geht, wird sich nur ein relativ kleiner Teil mit Fragen rund um die eigene Fachkompetenz drehen und sich eher damit beschäftigen, wie dieser Bereich sich im täglichen Geschäft am sinnvollsten optimieren lässt.

Den Schwerpunkt setze ich dafür in anderen Bereichen: „Begeisterung“ und „Biss“ sind dabei zentrale Themen, die sich wie ein roter Faden durch die folgenden Kapitel ziehen. Am Ende entsteht das vollständige – und für viele vielleicht auch neue – Bild eines erfolgreichen Verkäufers, der seine persönlichen Möglichkeiten optimal ausschöpft und so in der Lage ist, seinen Beruf zufrieden und selbstbewusst zu (er)leben.

Kapitel 6
Begeisterung fühlen – das wertvolle Kraftpaket in uns

Begeisterung ist ein Begriff, den die meisten von uns mit Dingen assoziieren, die aus dem Privatleben stammen: Wir sind begeisterte Fans von Musikgruppen oder Sportvereinen, begeistern uns für Sportarten oder Hobbies und klatschen begeistert Beifall, wenn wir Zeuge kultureller Highlights sind. Hinterfragt man den Begriff genauer, entsteht ein buntes und vielfältiges Bild ganz unterschiedlicher Emotionen und Verhaltensweisen, das erklärt, warum es so schwer ist, Begeisterung zu definieren. Deutlich wird jedoch eines: Begeisterung ist ein Zustand, der nicht nur mental besteht, sondern auch physisch festzumachen ist – wenn auch bei jedem anders.

Ein typisches Beispiel ist das Verhalten von Fans im Breitensport. Wer schon einmal die Fankurve eines erfolgreichen Fußballclubs besucht hat, wird wissen, welche vergleichbaren und dann wieder ganz unterschiedlichen Formen das Phänomen Begeisterung annehmen kann. Fällt nämlich ein Tor, entsteht zunächst so etwas wie ein kollektiver Begeisterungssturm: Alle springen auf, reißen die Arme empor, jubeln, schreien und gestikulieren. Aus dem fremden Platznachbarn neben uns wird ein Interessensfreund, den man herzlich umarmt, und Klassenunterschiede oder Vorurteile bestehen praktisch nicht mehr. Das innere Feuer der Begeisterung hat jeden gepackt und führt zunächst also zu ähnlichen Verhaltensweisen. Steht man in diesem Moment unten auf dem Spielfeld, nimmt man diesen Begeisterungssturm als ein einziges Geschrei kombiniert mit einer wie synchron choreographiert wirkenden Bewegung wahr und kann zwischen verschiedenen Fangruppen oder -typen praktisch nicht mehr unterscheiden.

Begeisterung erlebt jeder anders

Nach dieser ersten gemeinschaftlichen Welle der Begeisterung spalten sich die Verhaltensweisen jedoch auf: Die einen bleiben bei der nach außen gekehrten Form, singen, hüpfen und schwingen die Arme in der Luft, während andere eher in sich gekehrt nur durch ein breites Lächeln im Gesicht ihre Gefühle zeigen. Manch einer steigert sich in eine hektische Aufregung hinein, die physiologisch mit Herzrasen und schneller Atmung verbunden ist, und hebt sich damit deutlich von jenen ab, die ihre Begeisterung still und in sich gekehrt genießen.

Das Erstaunliche dabei ist, dass wohl jeder dieser Fans auf die Frage „Was fühlst Du gerade?“ mit dem Wort „Begeisterung“ oder verwandten Begriffen antworten würde – obwohl sich doch alle ganz anders verhalten!

Ganz ähnlich ist es bei großen kulturellen Events oder Konzerten: Hält es einen Teil der Zuschauer vor Begeisterung buchstäblich nicht mehr in den Sitzen, schließen andere die Augen und genießen. Besonders extreme Ausprägungen der Begeisterung lassen sich bei Rock- oder Popkonzerten beobachten, wo Scharen hysterischer Teenager vor Begeisterung einfach in Ohnmacht fallen. Und dennoch handelt es sich im Prinzip um die gleiche Empfindung, die den konzentriert und rhythmisch klatschenden Fan in diesem Moment durchdringt.

Die Kraft der Begeisterung

Fragt man begeisterte Menschen, wie sie sich fühlen, erhält man nur positive Antworten. Interessant ist dabei, dass sich neben allgemeinen Beschreibungen wie „wunderbar“, „fabelhaft“ oder „unglaublich“ vor allem Begriffe häufen, die Stärke, Erfolg und Dynamik ausdrücken. Neben Eigenschaften wie „zufrieden“, „glücklich“ und „gigantisch“ sind dies Aussagen wie „erfolgreich“,

„stark“, „unschlagbar“ oder „ich könnte jetzt Berge versetzen“, die ganz klar kommunizieren, dass sich hinter der Begeisterung eine gewaltige Kraft verbirgt. Schon Johann Gottfried von Herder (1744-1803) war sich dieser Kraft bewusst, indem er feststellte: „Ohne Begeisterung schlafen die besten Kräfte unseres Gemütes. Es ist ein Zunder in uns, der Funken will.“

Um diesen Zunder, diese wohl einmalige Kraft geht es auf den folgenden Seiten.

Vielleicht ist Ihnen ja bereits aufgefallen, dass ich dem Thema ‚Piranha-Faktor Begeisterung’ zwei Kapitel dieses Buches gewidmet habe. Dies liegt nicht nur daran, dass ich das Thema als besonders wichtig erachte, sondern es hat seine Ursache in einer grundsätzlichen Unterscheidung: Es ist etwas anderes, ob wir von der selbst empfundenen, also inneren Begeisterung reden, oder Begeisterung vermitteln möchten, um bei dem Gegenüber dieses Gefühl auszulösen. Beides ist erlernbar und trainierbar – lediglich der Weg dorthin ist ein anderer.

Beginnen möchte ich dabei mit der Begeisterung in uns, die ich als Grundvoraussetzung für alle weiteren Piranha-Faktoren erkannt habe.

Begeisterung versetzt Berge

Haben Sie schon einmal versucht, etwas zu erreichen, obwohl Sie sich für das Ziel weder interessiert noch eine emotionale Bindung damit verknüpft haben? Und wenn Sie den Weg dorthin tatsächlich bewältigt haben – können Sie sich noch daran erinnern, wie Sie ihn empfunden haben? Vermutlich als sehr beschwerlich, was verständlich wäre. Denn ohne Begeisterung ist es ausgesprochen schwierig, Dinge zu erreichen! Wer hingegen begeistert ist von dem, was er tut, kann von sich selbst Höchstleistungen abverlangen.

Hochleistungssportler wissen alle um die Kraft der inneren Begeisterung und arbeiten gezielt in Training und Wettkampf damit. In der Regel sprechen Athleten von „Flow“, wenn sie diese Begeisterung beschreiben und meinen damit einen Zustand während der sportlichen Handlung, in dem alles wie von selbst erfolgreich zu laufen scheint. Wer dann in der Lage ist, diesen „Flow“ genau zu beschreiben und vielleicht mit bestimmten Geräuschen, Bewegungen oder anderen Dingen in Verbindung zu bringen, schafft sich für das Training einen unschätzbaren Wert: Denn neben der physischen Bewegung ist es das mentale Training, das Hochleistungssportlern die Fähigkeit verleiht, im Idealfall zu jeder Zeit und an jedem Ort Höchstleistungen zu erbringen. Hat der Athlet die Parameter für seinen individuellen „Flow“ erkannt, kann er diesen fast schon rauschartigen Begeisterungszustand auch beim Training im Kopf erzeugen – und so erwiesenermaßen seine tatsächliche Leistungsfähigkeit steigern.

Rausch, Welle oder Sturm – Begeisterung pusht!

Gerade bei Ausdauersportlern können auch Menschen, die sich mit diesem Phänomen bislang nicht näher beschäftigt haben, nachvollziehen, was ich meine. Denn gutes Training allein kann es nicht sein, was Menschen motiviert, in brütender Hitze auf Hawaii zunächst im Pulk kilometerlang zu schwimmen, dann triefend nass aufs Fahrrad zu steigen und sich bergauf und bergab zu quälen, um abschließend einen kräftezehrenden Marathon hinzulegen! Es ist die Begeisterung für ein Ziel, eine Art inneres Feuer, das die Ausnahmeathleten buchstäblich bewegt und während des Wettkampfes durch oft unerträgliche physische Qualen führt.

Unsere Sprache hat für diesen Zustand Bilder geprägt, die wir alle regelmäßig benutzen, ohne darüber nachzudenken: Wir beschreiben Menschen, die „im Rausch der Begeisterung“ etwas schaffen, reden von einer „Welle der Begeisterung“, die uns in einigen Situationen trägt oder empfinden gar einen „Sturm der Begeisterung“, der uns manchmal erfasst. Auch hier ist wieder die ungeheure Kraft und die Dynamik auffällig, die all diesen Begriffen anhaftet.

Das eigentlich Interessante an dieser Erkenntnis ist jedoch die Konsequenz: Denn offenbar kann jeder, der richtig begeistert von einer Sache ist, darin auch Höchstleistungen erbringen! Ein Läufer, der seine Strecke und die Bewegung liebt, wird seine persönlichen Bestmarken erreichen können; ein Taucher, der den faszinierenden Rausch der Tiefe einmal erlebt hat, wird immer wieder und in extremeren Formen dorthin zurückkehren – und ein Verkäufer, der sich nicht nur für sein Produkt, sondern für den Akt des Verkaufens an sich begeistert, hat den Abschluss praktisch schon in der Tasche!

Als Zuschauer bleiben Sie erfolglos!

Falls Sie auch zu den Menschen gehören, die „mit Begeisterung“ den Erfolg Ihrer Fußballmannschaft vor dem Fernseher verfolgen oder sich im Kino begeistert mit den Idealen eines Superman identifizieren, muss ich Sie leider enttäuschen. Denn die wahre (und damit auch folgenreiche) Begeisterung ist nur jene, die man tatsächlich lebt – und nicht das, was man hört oder worüber man spricht.

Von daher nützt es Ihnen als Verkäufer auch nicht, mit scheinbarer Begeisterung dieses Buch zu lesen, sondern Sie selbst müssen aktiv werden. Denn wenn Sie wirklich eine neue Dimension des Verkaufens erleben möchten, ist Ihre Initiative gefragt. Und ein erster, entscheidender Schritt ist hier sicherlich, Begeisterung in sich selbst zu erzeugen – auf welchem Weg auch immer.

Bevor Sie sich nun jedoch achselzuckend abwenden, sollten Sie sich eines klarmachen: Auch Sie können Begeisterung (er)leben.

Denn die Power, die echte Begeisterung auslöst, ist weder an bestimmte Tätigkeiten, noch an herausragende Menschentypen gebunden – im Gegenteil: Jeder, der es wirklich möchte, kann lernen, seine eigenen Begeisterungskräfte zu mobilisieren und dann zu nutzen! Fangen Sie am besten heute noch damit an.

Wie man Begeisterung in sich erzeugt

Um mit Begeisterung zum Erfolg zu kommen, sollten Sie zunächst in sich hinein hören. Fühlen Sie sich in Ihrer eigenen Haut wohl? Sind Sie körperlich fit, ausgeglichen und bei Bedarf entspannt? Glauben Sie, dass Ihre körperliche Fitness ideal mit Ihrem ausgeübten Beruf harmoniert? Kennen Sie Ihre körperlichen Grenzen – und arbeiten Sie regelmäßig daran, diese weiter auszudehnen? Begeisterung fängt in Ihrem Körper an! Nur wenn die physischen Voraussetzungen für Begeisterung gegeben sind, kann die Psyche mit aller Kraft folgen. So banal es vielleicht klingen mag: Körperliche Fitness ist die Basis für echte Begeisterung.

Piranha Point
Begeisterung fängt in Ihrem Körper an! Treiben Sie deshalb Sport, machen Sie Entspannungsübungen und regelmäßiges Mentaltraining!

„Mens sana in corpore sano" sagten schon die Römer vor mehr als 2000 Jahren: Ein gesunder Geist wohnt in einem gesunden Körper. Ob Sie Ihren Körper dabei mit regelmäßigen Lauftrainings, Fitnessübungen im Sportstudio oder einem Mannschaftssport in Form halten, oder ob Sie sich eher von fernöstlichen Kampf- und Konzentrationstechniken, Yoga oder Autogenem Training angesprochen fühlen, bleibt Ihnen selbst überlassen. Wichtig ist allein das Ziel: Es geht darum, Ihr Befinden zu optimieren.

Doch nicht nur Entspannung oder Sport können eine innere Begeisterung in uns auslösen, dieses unbeschreibliche Hochgefühl und die Sicherheit, mit sich selbst „im Reinen“ zu sein. In Gesprächen mit erfolgreichen Verkäufern wurde mir immer wieder auch die Bedeutung von bestimmten Örtlichkeiten oder Situationen für den Einzelnen klar. So gibt es Menschen, die nichts anregender und gleichzeitig entspannender empfinden, als einen Tag am Meer zu verbringen. Andere tanken im Blätterrauschen des Waldes auf, genießen stille Stunden im Garten oder lieben es, im Regen zu joggen. Allen gleich ist hinterher das Gefühl, von einer Sache „erfüllt“ zu sein – ein Phänomen, das der Hochleistungssportler ganz ähnlich beschreiben würde. Wichtig ist nur, dass man genau weiß, wie man dieses Hochgefühl in sich erzeugen kann.

Begeisterung kann man steuern

Um zu erkennen, wo Sie in Ihrem individuellen Fall ansetzen können und wie Sie in punkto „inneres Feuer“ weiterkommen, sollten Sie sich – vielleicht gemeinsam mit anderen, Ihnen nahestehenden Menschen – einer kritischen Selbstanalyse unterziehen. Fragen Sie sich (und andere!), was für ein Typ Sie eigentlich sind, ob Sie eher als temperamentvoll und unruhig oder als tendenziell langweilig gelten. Entspricht Ihr äußeres Erscheinungsbild, Ihr eigener Auftritt diesem Image? Wie fit ist Ihr Körper wirklich? Sind Sie stressresistent oder erscheinen in Ihrem Gesicht in schwierigen Gesprächssituationen vielleicht diese unangenehmen roten Flecken? Leiden Sie unter feuchten Händen, Herzrasen oder erhöhter Schweißproduktion? Oder sind Sie vielleicht für Ihr undurchdringliches Pokerface bekannt?

Was auch immer Ihr Thema ist – man kann etwas dafür oder dagegen unternehmen. So bieten zum Beispiel verschiedene Institutionen mittlerweile ein umfangreiches Programm rund um das körperliche Wohlbefinden an – und zwar durchaus ansprechend, qualitativ hochwertig und bezahlbar! Auch Berufsverbände, Kammern oder sonstige Vereinigungen haben endlich erkannt, wie wichtig physische Fitness für berufliche Erfolge ist und diese Institutionen verfügen nun ebenfalls über ein umfangreiches Repertoire. Entscheidend ist, dass Sie Ihr spezielles Manko erkennen oder auf der bereits vorhandenen positiven Grundlage stetig weiter aufbauen – die innere Begeisterung stellt sich bald ganz von alleine ein. Und ist die erst einmal vorhanden, haben Sie den ersten Schritt in Richtung Höchstleistung getan!

Achtung, Stolpersteine!

Wenn Sie zu den Menschen gehören, die an dieser Stelle des Buches aufspringen und sofort wissen, wo Sie in Zukunft in Sachen gefühlter Begeisterung bei sich ansetzen müssen und überzeugt davon sind, dass Sie dies auch schaffen, kann ich Ihnen nur gratulieren. Die Realität sieht hier leider etwas anders aus. Denn es gibt eine ganze Reihe typischer Blockaden für die innere Begeisterung, die eng mit negativen Emotionen verknüpft sind. Ganz gleich, ob man hier Angst, schlechte Laune oder eine grundsätzlich pessimistische Lebenseinstellung anführt, stets verbreiten sich diese Empfindungen auf Kosten unserer Begeisterung – Tendenz weiter steigend. Lässt man diese negativen Gefühle langfristig zu, indem man ihnen Raum gibt, gerät man schnell in einen tückischen Teufelskreis. Ein Beispiel aus der Praxis zeigt, warum:

Ein bereits etwas älterer Verkäufer von Papier-Schneidemaschinen, der in einem Team mit jungen, neuen Kollegen ein großes Gebiet in Westdeutschland betreut, stellt in gemeinsamen Gesprächen beim monatlichen Jour fixe fest, dass die Nachwuchsverkäufer im Zuge ihrer Einarbeitung alle ein spezielles Training zu neuen Verkaufsstrategien besucht haben. Da er sich in diesem Team ohnehin aufgrund seines Alters und seiner altersbedingt nachlassenden Ausdauer ein wenig benachteiligt fühlt und zwei seiner jungen Kollegen zudem bereits in ihren ersten Verkaufsgesprächen hervorragende Abschlüsse erreicht haben, wächst in ihm die Angst vor der möglichen Konkurrenz. Als Folge dieser Sorge konzentriert sich der eigentlich sehr erfahrene Verkäufer bei seinen Kunden plötzlich mit aller Kraft auf den erhofften Verkaufserfolg, ist nicht mehr mit der ihn sonst auszeichnenden Begeisterung dabei – und übersieht und überhört dabei wichtige Details. Das Ergebnis dieser angstbedingten Unachtsamkeit schlägt sich unmittelbar in seinen Verkaufszahlen nieder, die plötzlich sinken. Diese Zahlen wiederum bestätigen ihn in seiner Angst – und der vorprogrammierte Misserfolg nimmt seinen Lauf.

Begeisterungs-Blockaden Ärger und schlechte Laune

Dass Ärger und schlechte Laune mindestens so ansteckend wie Windpocken sind, weiß jeder, der für einen längeren Zeitraum in einem Team gearbeitet hat. Um Missverständnissen vorzubeugen: Beide Empfindungen gehören zum gemeinsamen Miteinander und es wäre völlig unrealistisch zu glauben, man könne sie ausmerzen. Außerdem übernehmen sie ja auch eine wichtige Funktion – immerhin weisen sie darauf hin, dass an irgendeiner Stelle im Team etwas nicht stimmt.

Die Schwierigkeit liegt allerdings meist nicht in der Tatsache, dass es Ärger und schlechte Laune gibt, sondern darin, wer diese Stimmung verbreitet. „Der Fisch fängt vom Kopf her an zu stinken" heißt es in einem alten und weit verbreiteten Sprichwort – und da ist etwas dran! Gerade Ärger kommt oft von „oben", indem Vorgesetzte ihre eigenen Zweifel, Ängste und Nöte in Form von Ärger an Mitarbeiter weitergeben. Auch hier liefert die deutsche Sprache wieder interessante Hinweise auf die Mechanismen von Ärger: So gibt es die einen, die „Ärger machen", und die anderen, die „Ärger haben". Die Auslöser von Ärger sind also diejenigen, die handeln, während die Adressaten diesen negativen Impuls statisch hinnehmen. Eigentlich ungerecht, oder? Aber warum steuern dann die wenigsten dagegen? Immerhin würden bestimmt rund drei Viertel aller von Ärger betroffenen Menschen vehement darauf beharren, dass sie zu Unrecht ein Opfer dieser unerwünschten Attacke geworden sind – zumal die Folgen für einen selbst oft enorm sind.

Ärger erzeugt vielfach Ärger!

Der Verkaufsleiter eines großen Modemarktes wird mit neusten Marketingdaten zum Kundenprofil konfrontiert. Aus den Zahlen geht hervor, dass der größte Mitbewerber im Nachbarort offenbar finanzkräftigere Kunden binden kann. Darüber ärgert er sich so sehr, dass er sofort eine Mitarbeiterversammlung mit seinen Verkäufern einberuft. Wütend informiert er sein Team darüber, dass es nicht in der Lage ist, wirtschaftlich potentere Kunden zu akquirieren – und dass es so nicht weiter ginge.

Während die Aushilfskräfte innerlich die Augen verdrehen und sich anschließend mit dem gleichen Phlegma wie bislang auch weiter an ihre Arbeit machen, fühlt sich einer der vier fest angestellten Verkäufer persönlich betroffen. Er ärgert sich über die Vorwürfe seines Chefs und bezieht alles sofort auf sich. Den nächsten Kunden, der ihn zwischen Anzügen und Krawatten in ein Gespräch verwickelt, betrachtet er nun kritischer als sonst: Handelt es sich hier etwa um einen dieser finanzschwachen Kunden? Der Kunde wiederum spürt die Distanz, die der Verkäufer mangels Begeisterung aufgebaut hat und reagiert darauf mit seinem einzigen Machtmittel: Er ist verärgert und geht, ohne zu kaufen.

Die Folgen dieser Episode liegen auf der Hand: Der quasi „durchgereichte" Ärger sorgt dafür, dass weniger Kunden das Kaufhaus zufrieden verlassen oder gar nicht mehr dorthin zurückkommen – was wiederum dazu führt, dass in absehbarer Zeit immer schlechtere Zahlen auf dem Schreibtisch des Verkaufsleiters liegen. Der Teufelskreis ist perfekt.

Ähnlich problematisch ist schlechte Laune; übrigens oft ein verstecktes Machtmittel von Menschen in unteren Hierarchiestufen. Denn im Gegensatz zum Ärger ist schlechte Laune meist nicht einmal genau festzumachen, sondern breitet sich von irgendwoher schleichend aus. Damit fehlt die Chance, etwas daran zu ändern, was die Kraft der Begeisterung erheblich einengt.

Was jedoch kann man tun, um diesem unproduktiven Kreislauf aus negativer Emotion und weiterführender Reaktion zu entgehen? Sind wir wirklich dazu verdammt, damit umzugehen und die demotivierenden Signale anderer Menschen zu akzeptieren? Wohl kaum! Und auch Sie können sich gegen Angst, Ärger und schlechte Laune erfolgreich wehren, indem Sie die Ursachen aufdecken, gegebenenfalls Schuldige zur Rede stellen oder – sollte all dies langfristig nicht fruchten – sich von den Dingen oder Personen trennen, die Sie herunterziehen.

Warum Sie das am besten sofort machen sollten, können Sie sich selbst ganz einfach und gleichzeitig besonders eindrucksvoll verdeutlichen: Sie benötigen für diese kleine Anschauung mindestens zwei weitere Personen und einen Tisch. Dann stellen Sie sich selbst auf den Tisch, bitten eine der anwesenden Personen, Ihre Hand zu ergreifen und Sie – quasi als Stellvertreter für Angst, Ärger oder schlechte Laune – vom Tisch herunterzuziehen. Sie werden erleben, dass dies schnell ohne sonderliche Kraftanstrengung der unten stehenden Person vonstatten gehen wird!

Nun versuchen Sie es anders herum: Sie stellen sich unten neben den Tisch, während die Kollegen auf der Tischplatte stehen. Nun bitten Sie einen der oben Wartenden darum, Sie wie eben auch an einer Hand hinaufzuziehen, Sie also im übertragenen Sinn aus dem negativen Sumpf zu befreien. Sie werden schnell feststellen, dass dies gar nicht so einfach ist! Wenn nicht im Zuge dieser Aktion sogar einer der oben Stehenden zu Ihnen herunterfällt (Sie ihn also ins Negative herabziehen) werden Sie wahrscheinlich dazu noch zwei weitere Hände benötigen, ehe Sie begeistert mit den anderen vom Tisch hinunterschauen können. Es ist also deutlich einfacher, Menschen mit positiven Gefühlen zu schaden, als Begeisterung zu leben!

Piranha Point
Trennen Sie sich noch heute von Menschen oder Dingen, die Sie herunterziehen und damit in Ihrer inneren Begeisterung ausbremsen!

Pessimisten – das Kontrastprogramm zur Begeisterung

Der 1986 verstorbene österreichische Schauspieler und Kabarettist Heinz Conrad hat einmal gesagt: „Der Pessimist ist der einzige Mist, auf dem nichts wächst." Was zunächst nur als witziges Wortspiel ankommt, entpuppt sich bei genauerem Hinsehen als bittere Wahrheit. Pessimisten gelingt es allein durch ihre Art, jeglichen Keim der Begeisterung zu zerstören – wobei nicht einmal gesagt ist, dass sie sich dessen bewusst sind! Pessimisten geht man als erfolgsorientierter Verkäufer daher besser aus dem Weg.

Auf Pessimisten trifft man gerade in wirtschaftlich schwierigen Zeiten überall. Das hat natürlich damit zu tun, dass diese Spezies in solchen Phasen förmlich die Bestätigung all dessen sind, was sie ohnehin immer prophezeit haben. Besonders offensichtlich wird dieses Phänomen in Presse und Medien: Geht es Handel und Wirtschaft schlecht, haben Pessimisten das bereits vor Jahren kommen sehen. Ist ein Betrieb pleite, taucht garantiert ein Pessimist auf, der schon immer davor gewarnt hat. Und wagt es gar einer, sich mit einer vielleicht unkonventionellen Lösung aus dem tiefen Tal der Rezession zu erheben, schwellen die allgemeinen Unkenrufe der Miesmacher zum ohrenbetäubenden Geheul an. Und welch ein Triumph, wenn das Projekt dann scheitert!

Dabei wäre es doch gerade in schwierigen Zeiten wichtig, eben auf jene Begeisterung zu treffen, die ansteckt, Mut macht und Sicherheit gibt. In Verkäuferkreisen ist dies allerdings – von wenigen Ausnahmen abgesehen – nahezu unmöglich. Pessimisten beherrschen auch hier die Welt: Sie jammern über schlechte Kunden, sehen den Markt in naher Zukunft vollständig zusammenbrechen und halten so den durchaus begeisterungsfähigen und ambitionierten Nachwuchs vom Erfolg ab. Denn ihr Pessimismus lässt jedes Fünkchen Hoffnung im Nu erlöschen.

Der Pessimist liebt sich nicht

Was viele nicht wissen: Der Frust der Pessimisten ist meist hausgemacht. Pessimisten haben in erster Linie Angst davor, gestellte Ziele oder Erwartungen nicht zu erfüllen. Deshalb setzen sie die allgemeine Messlatte möglichst tief an – um dann entweder glorreich darüber hinweg zu schweben oder in der Masse der Loser nicht weiter aufzufallen.

Erinnern Sie sich noch an Ihre Schulzeit? Sicherlich gab es irgendwann auch in Ihrer Klasse einen Mitschüler, der nach jeder Klausur lautstark darüber lamentierte, dass es diesmal bestimmt nicht geklappt hätte. Und jedes Mal, wenn es dann einige Tage später die Noten gab, gehörte eben jener Schüler zu den Besten, was er mit einem zufriedenen Lächeln quittierte – und die anderen verständlicherweise insgeheim ärgerte.

Genau das jedoch ist sie, die ängstliche „ich-gehe-auf-Nummer-Sicher-Show“ der Pessimisten, der man sich auch im Berufsalltag kaum entziehen kann. Können Sie sich vorstellen, wie schwierig es für ein Team ist, wenn einer in der Gruppe durch konsequentes Tiefstapeln im Vorfeld hinterher stets seine Leistungsziele übertrifft? Von daher hüten Sie sich vor Pessimisten – oder schauen Sie hinter die Fassade. Pessimisten haben oft einen ganz bestimmten Schwachpunkt: Sie mögen sich selbst nicht. Und um dieses persönliche Drama zu überspielen, machen sie einfach die ganze Welt um sich herum ebenfalls schlecht – damit es nicht so auffällt.

Man muss sich selbst mögen, um andere zu mögen

Im Verkauf ist diese innere Einstellung natürlich fatal. Denn wer sich selbst nicht mag, kann auch andere nicht in sein Herz schließen. Und nicht nur das: Hinzu kommt, dass diese Menschen es anderen gleichzeitig furchtbar übel nehmen, wenn sie selbst abgelehnt werden. Wie jedoch soll man in einer solchen von Belauerung und Verdächtigung geprägten Atmosphäre erfolgreich verkaufen?

Als Piranha Seller gibt es darauf eigentlich nur eine Antwort: Bleiben Sie sich treu, bleiben Sie Ihrer Liebe zum Beruf treu – und denken Sie im Zweifelsfall positiv! Denn wenn Sie lieben, was Sie tun, sind Sie unschlagbar – Ihre innere Begeisterung trägt Sie. Genau das spürt und sieht Ihr Gegenüber, der potenzielle Käufer: Wenn Sie engagiert und professionell reden und argumentieren, wird ihn das Strahlen in Ihren Augen fesseln. Wenn Sie ehrlich von innen heraus lächeln, wird er es erwidern. Sind Sie selbst von etwas begeistert, wird er sich von Ihrem inneren Feuer anstecken lassen. Und er wird genau das kaufen, was Sie ihm verkaufen wollen.

Positiv denken heißt erfolgreich handeln

Ein wichtiger Baustein zur gefühlten Begeisterung ist das positive Denken. Gemeint ist hier nicht ein unangemessener Zweckoptimismus, sondern einfach die Option, Dinge positiv zu sehen. Und das ist nicht neu. Schon der römische Kaiser Marc Aurel, der im zweiten Jahrhundert nach Christus lebte, war sich dieser Wechselwirkung bewusst, indem er feststellte: „Das Glück deines Lebens hängt von der Beschaffenheit deiner Gedanken ab.“

Sie werden es selbst kennen: Beim prüfenden Blick in den Spiegel gefallen und fühlen Sie sich besser, wenn Sie sich selbst kurz anlächeln, der kritischen Musterung also einen positiven Impuls geben. Oder nehmen wir einmal an, Sie stehen in einem Verkehrsstau: Das lästige Stop-and-go-Fahren fällt Ihnen garantiert leichter, wenn Sie die Zeit als „gewonnen“ betrachten, da Sie beispielsweise nun die Gelegenheit haben, in aller Ruhe über ein wichtiges Thema nachzudenken. Sie denken positiv – und handeln in der Folge auch so. Denn anstatt hektisch die Spuren zu wechseln oder ungeduldig dem Vordermann aufzufahren, tun Sie etwas Produktives, das Sie im Endeffekt wieder ein Stück weiter bringt.

Und wer gemeinsam mit anderen Mitreisenden auf einen wieder einmal verspäteten Zug wartet, sollte sich nicht auf seinen Groll beschränken. Nutzen Sie statt dessen lieber die Gelegenheit, kommen Sie mit den anderen Fahrgästen ins Gespräch und machen Sie das Beste daraus.

Keine Frage: Wer bereits bei scheinbar unwichtigen Fragen positiv an die Sache herangeht und Situationen grundsätzlich zwei Seiten zugesteht, hat nicht nur mehr Freude am Leben, sondern auch mehr Erfolg! Positiv denkende Menschen sind freier im Kopf, geraten selten in den Teufelskreislauf negativer oder blockierender Gedanken und wirken dadurch sympathischer. Und dass Sympathie in vielen Situationen der beste Türöffner ist – gerade auch im Verkaufsgespräch – ist allgemein bekannt!

Piranha Point
Denken Sie daran: Jede Situation lässt sich positiv sehen und hat immer zwei Seiten – also auch eine gute!

Denken ist stärker als Handeln

„Ideen sind mächtiger als Körperkraft" behauptete schon der griechische Philosoph Sophokles und brachte damit genau auf den Punkt, was wir heute meinen, wenn wir von der Kraft des positiven Denkens reden. Denn genau so, wie negative Gedanken bei schlechter Laune oder Ärger in der Lage sind, unser Handeln zu beeinflussen, schaffen es natürlich auch die positiven! Und wem es gelingt, sich dabei deutlich stärker auf die positive Seite zu stellen, dem ist der Erfolg im Leben sicher.

Ein besonders prägnantes Beispiel für die Kraft des positiven Denkens ist die Zeit kurz vor der so genannten Wende. In jenen Tagen waren es nicht in erster Linie die ausländischen Politiker oder gar bewaffnete Einheiten, die Mauern in den Köpfen vieler aufgeweicht haben, sondern positive Gedanken. Keimzelle für diese unsichtbare Kraft, die dann letztendlich zu einem Sturm der Begeisterung und des Erfolges geführt hat, waren die Gedanken und Wünsche von Menschen, die sich in der Leipziger Nikolaikirche trafen. „Wir sind das Volk!" lautete damals der Kerngedanke – und wurde schnell zu einem Leitmotiv der sanften Revolution.

Positiv denken heißt bewegen und verändern

Es ist offensichtlich: Wer positiv denkt, trägt den Keim für Bewegung und Veränderung bereits in sich. Anders herum ausgedrückt bedeutet dies jedoch auch, dass Sie die Bereitschaft haben müssen, gegebenenfalls auf Ihre Gedanken Taten folgen zu lassen – sonst landen Sie in einer unproduktiven Sackgasse. Wer jedoch einmal damit angefangen hat, mehr Raum für das Erfreuliche zu lassen, wird nicht mehr davon los kommen. Ganz ähnlich dem Hochleistungssportler wird er sich immer wieder nach diesem einzigartigen Gefühl, diesem „Flow" sehnen, das sein Handeln beflügelt und seine Leistungen potenziert. Und er wird mit der Power der positiven Gedanken mehr Schwierigkeiten als spannende Herausforderungen erkennen und diese meistern – vorausgesetzt, er ist in der Lage, seine innere Stimmung in Hochform zu halten.

Der Weg dorthin ist meist ganz einfach; wahrscheinlich nutzen Sie ihn ohnehin bereits in zahlreichen Situationen: Unsere Emotionen, unser Befinden und unsere Leistungsfähigkeit hängen stark mit unserem Selbstgespräch zusammen. Wir befinden uns nämlich über unsere Gedanken im permanenten Austausch mit uns selbst! Ganz gleich, was wir tun, vorhaben, denken, fürchten oder ablehnen – im Selbstgespräch kommentieren, bewerten und steuern wir diese Dinge. Leistungs- und Extremsportler, die in besonderer Weise auf einen ununterbrochenen Energieschub angewiesen sind, trainieren daher das positive Selbstgespräch regelmäßig.

Nutzen Sie das positive Selbstgespräch!

Die praktische Erfahrung, die mittlerweile in zahlreichen Untersuchungen dokumentiert worden ist, gibt den Sportlern Recht: Ein Hochspringer, der mit den inneren Worten „Mist, das schaffe ich wohl nicht“ seinen Anlauf beginnt, braucht eigentlich gar nicht mehr abzuspringen – er hat die Latte mental bereits gerissen. Wer jedoch aus innerster Überzeugung und voller Begeisterung im festen Gedanken „das schaffe ich“ an die Aufgabe herangeht, hat beste Chancen zu gewinnen!

Wenn Sie nun allerdings glauben, Sie müssten fortan sein Denken und Handeln mit markigen Sprüchen wie „ich bin der Größte“ oder „keiner ist so gut wie ich“ begleiten, befinden Sie sich auf dem Holzweg. Denn das Selbstgespräch muss natürlich den tatsächlichen Möglichkeiten des Individuums angepasst sein und damit authentisch wirken. Noch keiner hat sich innerhalb weniger Tage vom scheuen Zauderer zum forschen Draufgänger entwickelt!

Dennoch: Beginnen Sie so schnell wie möglich damit, Ihr Selbstgespräch zu steuern. Fangen Sie mit einfachen Situationen an, von denen Sie wissen, dass sie bei Ihnen in der Regel psychischen Stress auslösen. Analysieren Sie Ihr dabei erlebtes Selbstgespräch und suchen Sie nach den Momenten, in denen es gekippt ist.

Das Beispiel eines Sportartikelverkäufers, den ich über einen längeren Zeitraum im Rahmen von Training-on-the-job begleitet habe, verdeutlicht, wie es auch in kleinen Schritten mit großer Wirkung funktioniert: Der junge Mann stand vor der Herausforderung, dass sein Arbeitgeber ausgerechnet einen der renommiertesten Sportartikelhersteller im Laufschuhbereich nicht gelistet hatte. Argumentativ konnte er den erstaunten Nachfragen von Käufern hier einiges entgegensetzen – emotional war er diesem scheinbaren Manko jedoch nicht gewachsen. Ihm fiel es dabei besonders schwer, die sichtbare Enttäuschung seiner Gesprächspartner aufzufangen, die unterschwellig oft mit Zweifeln angereichert war. Zwar gelang es ihm in vielen Fällen argumentativ, das Interesse der Kunden auf andere Produkte zu lenken – die spürbare Begeisterung dafür fehlte, was sich auch in den Verkaufszahlen zeigte. Die sich selbst erfüllende Prophezeiung hat sich hier bewahrheitet.

Analysieren Sie Ihr Selbstgespräch!

Eine Analyse des Selbstgespräches ergab folgendes Bild: Jedes Mal dann, wenn ein besonders informierter Käufer den Laden betrat, war der erste Gedanke des Verkäufers „Der fragt mich bestimmt wieder nach der Marke XYZ“. Um dieser unangenehmen Frage zu entgehen, versuchte der Verkäufer möglichst schnell zu Größenwünschen und Laufeigenschaften zu kommen. In Gedanken fieberte er dabei mit den Worten „hoffentlich merkt er nichts ...“, begleitet von fahrigen Bewegungen und zunehmender Unkonzentriertheit. Dieses Verhalten führte dann fast zwangsweise dazu, dass der Käufer – um das Gespräch zu straffen – nach einem ganz bestimmten Produkt fragte. In überdurchschnittlich vielen Fällen handelte es sich dabei natürlich um den nicht gelisteten Typ.

Während der Verkäufer sich argumentativ darum bemühte, dies zu erklären, kreisten seine Gedanken um Sätze wie „ich verstehe ja selbst nicht, warum das so ist“, „dass die Leute immer alle das Gleiche wollen“ oder „jetzt hält der mich wahrscheinlich für weniger kompetent“.

Das negative Gedankenspiel stand ihm spätestens hier ins Gesicht geschrieben – und führte oft dazu, dass der Kunde tatsächlich ohne etwas zu kaufen den Laden verließ.

In kleinen Schritten positiver denken

Um diesen Teufelskreis zu durchbrechen, habe ich gemeinsam mit dem Verkäufer Schritt für Schritt und von Anfang an das Selbstgespräch in eine andere Richtung gesteuert. Der Part der Eingangssequenz erschien mir hier besonders wichtig . Betrat also ein Kunde den Laden, konzentrierte sich der Verkäufer nun darauf, in eine Richtung wie „diesem Kunden verkaufe ich das ABC-Produkt“ zu denken und ihn möglichst schnell zu den entsprechenden Auslagen zu führen. Um der offenbar unangenehmen Frage nach dem nicht geführten Hersteller zu entgehen, sprach der Verkäufer fortan selbst das Thema an, indem er gleichzeitig die Vorteile anderer Hersteller herausstellte.

Damit wurde das gesamte Verkaufsgespräch bereits deutlich in eine andere Richtung gelenkt, so dass es nicht mehr zu den weiteren Zweifeln und negativen Gedanken kam. Nicht zu vergessen bleibt hier die gelebte Begeisterung des Verkäufers. Dem jungen Mann war geholfen und der Umsatz stieg.

Das Beispiel zeigt ganz deutlich, wie wichtig es ist, negative Suggestionen aus dem eigenen Denken zu verbannen – insbesondere als Verkäufer. Das Entscheidende ist, es wirklich zu *tun*, also tatsächlich etwas zu verändern. Damit Ihr Unterfangen überhaupt erfolgreich sein kann, sollten Sie sorgfältig prüfen und sich ehrlich hinterfragen, ob Sie die Veränderung wirklich wollen. Denn aus einem kleinen Schritt könnte schnell ein ausgiebiger Spaziergang werden, wenn Sie das erste Mal spüren, wie leicht es plötzlich geht!

Piranha Point
Handeln statt zögern lautet die Devise! Aufschieben und abwarten führt nur selten zu einer Lösung! Handeln Sie jetzt und sofort!

Sprache als Indikator

Wenn es Ihnen schwer fallen sollte, Ihr Denken und Handeln in allen Facetten auf „positiv“ umzustellen, gibt es einen kleinen Trick, der dies in Einzelschritten möglich macht und Ihnen dabei immense Hilfestellung leistet. Es ist ganz einfach: Verändern Sie Ihre Ausdrucksweise! Es gibt Begriffe, die von fast allen Menschen automatisch negativ besetzt werden – bewusst oder unbewusst. Dazu gehören zum Beispiel oft verwendete Begriffe wie „nein“, „aber“, „Problem“, „Konkurrent“ oder „Kosten“, wobei sich diese Liste unendlich weiterführen ließe. Hört oder benutzt man eines dieser Wörter, setzt dies bei einem selbst und beim Zuhörer sofort eine Assoziationskette in Gang, die das negative Grundgefühl verstärkt.

Ein bekanntes Beispiel aus Presse und Medien verdeutlicht, um welche Dimensionen es dabei gehen kann: In den siebziger und achtziger Jahren, als die Energiewirtschaft ihr Heil in der Kernspaltung gefunden zu haben glaubte, waren Atomkraftwerke in aller Munde. Die einen sprachen von der sauberen Energie der Zukunft, die anderen (und das waren deutlich mehr!) redeten über die daraus resultierenden Gefahren für Mensch und Umwelt. Die Folgen dieses Konfliktes, der sich jahrzehntelang durch Politik, Wirtschaft und Gesellschaft zog, zeigen sich auch in der Sprache: So verbindet man heute mit dem Wort „Atom“ nur in wenigen Kreisen das sich tatsächlich dahinter verbergende Teilchen. Die meisten Menschen hingegen assoziieren sofort Begriffe wie „Atomkraft“, „Atomkraft nein danke!“, „Gefahr“, „Umweltbelastung“, „Super-GAU“, „Katastrophe“ oder „Tschernobyl“, um nur einige zu nennen.

Um diese Verkettung negativer Zuordnungen aufzuweichen und dem gigantischen Energiezweig dahinter in der Öffentlichkeit überhaupt noch eine Chance zu geben, haben sich Marketingstrategen der Branche dann etwas sehr Kluges einfallen lassen: Sie veränderten zielgerichtet und konsequent den Sprachgebrauch – insbesondere in Presse und Medien. „Atomkraft“ hieß plötzlich „Kernkraft“ und wurde so unmerklich bei vielen Menschen zum Auslöser anderer Assoziationsketten. Denn die beiden Wortbestandteile „Kern“ und „Kraft“ besitzen den entscheidenden Vorteil, dass sie neutral beziehungsweise positiv besetzt sind. Es gibt „kerngesund“, „Kernfragen“ oder den „Kern der Sache“, und mit „Kraft“ verbindet man automatisch Dinge wie „Dynamik“, „Gewinn“, „Schnelligkeit“ oder andere positive Begriffe aus dem Bereich des Sports und der Höchstleistungen.

Gleicher Sachverhalt – andere Wahrnehmung

Die Rechnung ging langfristig auf. Zwar gibt es immer noch Diskussionen über den Sinn und Unsinn von Kernkraft, doch ist das Thema längst nicht mehr so massiv in den Negativschlagzeilen. Eine kleine Veränderung im Sprachgebrauch führte so zu einer völlig anderen Wahrnehmung in der Öffentlichkeit.

Ähnlich erfolgreich wurde in der Abfallwirtschaft verfahren: Statt von „Müll“ spricht man heute von „Reststoff“ – und die viel diskutierte „Müllverbrennung“ mutierte zur „Thermischen Verwertung“. Das erstaunliche Detail: Die Öffentlichkeit akzeptiert diese Form der Manipulation – schließlich entspricht die neue Begrifflichkeit nach wie vor der Wahrheit, wenn auch einer angenehmeren.

Wenn Sprache begeistert

Auch als Verkäufer können Sie über eine Veränderung Ihrer Wortwahl oder indem Sie bestimmte Begriffe einfach nicht mehr benutzen viel erreichen – vor allem bei typischen Reizthemen wie zum Beispiel dem Preis. Ihrem Ideenreichtum sind dabei keine Grenzen gesetzt – von daher stehen die nachfolgenden Varianten nur stellvertretend für Ihr individuelles Sprachspektrum.

Piranha Point

Reden Sie nicht mehr von Produkten, die „etwas kosten" oder einen bestimmten „Preis" haben! Besser: Dinge oder Leistungen haben einen „Wert" und werden damit „wertvoll".

Vermeiden Sie auch in schwierigen Gesprächssituationen das negativ besetzte Wort „Problem"! Sprechen Sie dafür von einer „Herausforderung" oder – falls möglich – bereits von der passenden „Lösung".

Streichen Sie die Wörter „aber" und „nein" vollständig aus Ihren Verkaufsgesprächen! Statt „aber" wählen Sie „doch", „jedoch" oder „wobei"; ein kategorisches „nein" umgeht man erstaunlich gut mit einem vagen „ja, jedoch ...", „das kann man so nicht sagen ..." oder „anders gesagt ...".

Tauschen Sie folgende Unwörter aus: „kompliziert" beispielsweise durch „anspruchsvoll", „falsch" durch „anders", „Vertrag" durch „Vereinbarung", „Kauf" durch „Vorteil" etc.

Und zu guter Letzt: Reden Sie nicht mehr von der „Konkurrenz" oder dem „Wettbewerber"! Gehen Sie im Idealfall einen Schritt weiter und sprechen Sie vom „Marktfreund".

Aus meiner eigenen Erfahrung als Verkäufer und Trainer weiß ich, wie wichtig dieser Schritt der Sprachoptimierung ist. Denn das Ergebnis ist in zweierlei Hinsicht positiv. Zum einen verändert sich die Wahrnehmung des Kunden, damit sind die Weichen für den erfolgreichen Verkaufsabschluss in angenehmer Gesprächsatmosphäre gestellt. Als Verkäufer wirken Sie souverän und sympathisch, indem Sie als Problemlöser mit wertvollen Vorteilen für den Käufer ins Gespräch gehen.

Zum anderen – und das ist ganz entscheidend – bewegt die Veränderung Ihrer Wortwahl auch in Ihnen selbst Erstaunliches: Ihre Einstellung gegenüber den Kunden und Marktfreunden wird eine andere, da Sie ihnen mit Wertschätzung begegnen. Wertschätzung führt zu Sympathie oder gar zu Glücksgefühlen – und Ihr inneres Feuer, Ihre Begeisterung erhält neue Energien. Wer wiederum in der Lage ist, seine innere Begeisterung zu fühlen und zu leben, ist als Verkäufer auf Erfolg und Gewinn programmiert! Denn nur wenn das Feuer in Ihnen brennt, werden Sie auch andere für Ihre Person, Ihr Produkt und Ihre Leistungen entflammen können, da sich dann Ihr inneres Leuchten im Funkeln Ihrer Augen widerspiegelt!

K.O.-Kriterium „innere Kündigung"

Wenn Sie jedoch merken sollten, dass Sie nicht begeistert sind von dem, was Sie tun, ganz gleich, welchen Weg dorthin Sie auch wählen, sollten Sie sich Ihren Arbeitsplatz und das damit verbundene Umfeld einmal näher anschauen. Fragen Sie sich ganz ehrlich, ob Sie das Gefühl haben, keine Erfolge mehr zu erleben oder nur mit größtem Kraftaufwand. Fühlen Sie häufig Resignation oder Gleichgültigkeit in Kombination mit immer weniger Kraft? Haben Sie plötzlich Schwierigkeiten, sich mit Ihrem Arbeitgeber, den Produkten oder dem dahinter stehenden Unternehmen zu identifizieren?

Und ertappen Sie sich häufiger dabei, dass Sie bei Dritten negativ oder abwertend über Ihren Job, die Kollegen oder die Firma reden? Vielleicht sind Sie zurückhaltender geworden, wenn es um neue

Ideen oder Kritik geht – und verspüren auch keine Lust mehr, sich im Team außerhalb der Arbeitszeit zu engagieren. Oder müssen Sie insgeheim vielleicht sogar zugeben, dass sich Kundenreklamationen in letzter Zeit häufen?

Und wie steht es mit Ihrem persönlichen Befinden? Sind Sie häufiger als sonst krank und leiden vielleicht unter nervösen Magenbeschwerden? Spüren Sie manchmal einen unangenehmen Druck auf der Brust, wenn Sie an Ihre Arbeit denken? Und leiden Sie vielleicht sogar unter Schlafstörungen?

Wenn Sie mehrere dieser Fragen mit „ja" beantworten können, haben Sie wahrscheinlich bereits innerlich gekündigt. Wohlgemerkt – es handelt sich hier nicht um einen dieser typischen Durchhänger, den wohl jeder von uns irgendwann einmal hat, sondern um eine absolut existenzielle Frage für Sie und für Ihren Arbeitgeber!

Innere Kündigung – was ist das eigentlich?

Die so genannte „innere Kündigung" ist ein Prozess, der in den meisten Fällen unbewusst abläuft: Wenn wir innerlich kündigen, sind wir eigentlich nicht mehr bereit und auch nicht mehr in der Lage, unsere Arbeit engagiert und erfolgreich auszuführen, da alle inneren Signale auf Verweigerung, Resignation oder Lethargie umgesprungen sind. Das Schwierige daran ist die Tatsache, dass die Betroffenen – also Arbeitgeber, Arbeitnehmer und Kunden – die innere Kündigung oft erst erkennen, wenn sie bereits vollzogen ist. In den meisten Fällen ist es dann nicht mehr möglich, diese rückgängig zu machen, zumal immer wieder erhebliche psychosomatische Begleiterscheinungen diesen Weg vollends versperren.

Warum Menschen innerlich kündigen, ist in zahlreichen Untersuchungen und Studien ausführlich untersucht worden. Typische Gründe für Angestellte sind Führungsfehler bei Vorgesetzten, wie zum Beispiel ein autoritärer Führungsstil und Informationsverweigerung. Vorgesetzte, die sich Erfolge der Mitarbeiter auf die eigene Fahne schreiben, Beratung oder Kritik nicht annehmen und Fehlentscheidungen oder Misserfolge an die Untergebenen weiterreichen, tragen ebenso zur inneren Kündigung bei, wie das Entziehen von Kompetenz und Verantwortung oder gar misstrauische Kontrollen der Angestellten. Auch Mitarbeiter, die sich regelmäßig ungerecht behandelt oder schikaniert fühlen, sind für die innere Kündigung gefährdet, ebenso wie jene, die unter Mobbing oder bürokratischen Strukturen leiden.

Doch nicht nur Angestellte erleben innere Kündigungen, auch Selbstständige oder Freiberufler leiden unter diesem Phänomen. Bei Ihnen ist es oft die Arbeit selbst, die dazu führt: So haftet beispielsweise bestimmten Produkten oder Dienstleistungen in der Öffentlichkeit ein vermeintlich schlechtes Image an, was dazu führt, dass der Betroffene sich glaubt, permanent entschuldigen oder verteidigen zu müssen. Typische Branchen sind hier zum Beispiel das Immobilien- und Versicherungsgeschäft.

Viele Einzelkämpfer haben unbewusst auch Schwierigkeiten damit, immer allein zu arbeiten. Ihnen fehlen Anerkennung und Zuspruch, Kritik und Austausch. In der Folge bewerten sie ihre erbrachten Leistungen ausschließlich über den Gewinn – und dass Geld allein nicht glücklich macht, ist allgemein bekannt.

Wirtschaftsfaktor „innere Kündigung"

Was vielen nicht bewusst ist: Mit der inneren Kündigung schadet man sich selbst und dem betroffenen Unternehmen in Ausmaßen, die bereits als extrem signifikant bezeichnet werden können. Vorsichtige Schätzungen führender Wirtschaftsinstitute haben ergeben, dass rund 25 Prozent aller Mitarbeiter innerlich gekündigt haben; einige Studien sprechen sogar von einem Drittel aller Berufstätigen. Und in einigen Branchen und Unternehmen liegt meiner Erfahrung nach der Prozentsatz noch weitaus höher, 60, 70 oder 80 Prozent sind leider keine Seltenheit mehr. All diesen Menschen fehlt die Begeisterung für das, was sie tun. Kaum vorstellbar, welche Umsätze sich erreichen ließen, wenn diese Mitarbeiter Dinge tun würden, die sie tatsächlich gerne machen!

Anhand dieser Zahlen wird die wirtschaftliche Bedeutung der inneren Kündigung sofort klar: Allein durch hohe Fehlzeiten und krankheitsbedingte Ausfälle entstehen vielen Unternehmen und der Wirtschaft durch die stille Verweigerung jährlich Kosten in Milliardenhöhe – von der geringeren Produktivität, den überdurchschnittlich langen Bearbeitungszeiten und oftmals ansteigenden Kundenreklamationen ganz zu schweigen!

Doch auch für den Mitarbeiter, der innerlich gekündigt hat, können sich wirtschaftlich negative Konsequenzen ergeben. Gerade als Selbstständiger fällt weniger Engagement sofort finanziell ins Gewicht und der Teufelskreis der Erfolglosigkeit beginnt. Ganz ähnlich auch bei Angestellten, die irgendwann aufgrund ihres Desinteresses auffallen: Selbst wenn es nicht zur Kündigung kommt, bleibt ihnen der Weg auf der Karriereleiter verwehrt, während die motivierten Kollegen locker an ihnen vorbeiziehen. Die Folgen sind Stagnation und Resignation, was wiederum zu einer Verstärkung der inneren Verweigerungshaltung führt.

Hören Sie damit auf, sich selbst zu schaden!

Wenn Sie auch zu dem einen Drittel der Bevölkerung gehören, die offensichtlich innerlich gekündigt haben, sind Sie sich eigentlich klar darüber, wie sehr Sie sich selbst schaden? Zugegeben: Ihre Rache am Arbeitgeber, an den Kollegen, dem Produkt oder dem Unternehmen ist gut getarnt. Sie schaden – und kaum einer merkt es. Doch glauben Sie mir: Dieser Sieg ist ein Pyrrhus-Sieg! Denn langfristig schaden Sie damit nur sich selbst und löschen so das letzte vielleicht noch vorhandene Fünkchen der Begeisterung tief in Ihrem Inneren.

Zunächst stellt sich natürlich die einzig logische Frage: Warum kündigen Sie eigentlich nicht offiziell? Haben Sie Angst vor einem neuen Arbeitsplatz oder fürchten Sie gar Arbeitslosigkeit? Dann sollten Sie einmal darüber nachdenken, wie wenig Ihnen Ihre eigene Arbeit offenbar wert ist. Immerhin gehen Sie davon aus, dass vielleicht keiner Ihre individuellen Qualitäten schätzt! Vielleicht fürchten Sie ja auch, woanders weniger zu verdienen – doch ist ein zufrieden stellender Arbeitsplatz nicht viel mehr wert? Oder sind Sie vielleicht einfach zu träge oder konfliktscheu, um diesen einen offiziellen Schritt zu gehen? Der Preis für diese Unbeweglichkeit ist hoch – sehr hoch!

Wege aus der inneren Kündigung

Sollten Sie zu den Menschen gehören, die nach Wegen aus der inneren Kündigung suchen möchten, ohne gleich den letzten Trumpf, die tatsächliche Kündigung, zu ziehen, haben Sie verschiedene Möglichkeiten. Der erste Schritt ist sicherlich das Gespräch: Reden Sie als Angestellter mit Kollegen und Vorgesetzten und legen Sie Ihre Karten offen auf den Tisch. Erklären Sie, was Ihnen fehlt, was Sie ärgert oder frustriert – schließlich können die anderen nicht hellsehen.

Sollten Sie bereits in den ersten Gesprächen spüren, dass Sie auf dem richtigen Weg sind, verfallen Sie nicht wieder in die Fehler der Vergangenheit. Bleiben Sie also in Kontakt und tauschen Sie sich regelmäßig aus.

Auch Selbstständige oder Einzelkämpfer können diesen Weg gehen. Hier sind es natürlich keine unmittelbaren Kollegen, die für Gespräche in Frage kommen, sondern eher Freunde. Vielleicht kennen Sie ja auch einen Marktfreund, der unter Umständen ein guter Gesprächspartner ist.

Wenn Sie jedoch der Überzeugung sind, dass Sie nichts, und zwar gar nichts mehr bei Ihrem Unternehmen, Ihren Kollegen oder dem Produkt halten kann, handeln Sie. Machen Sie aus Ihrer inneren Kündigung eine tatsächliche Kündigung!

Piranha Point

Wenn Sie merken, dass Sie nicht begeistert sind von dem, was Sie tun, und auch nicht daran glauben, diese Begeisterung zurückzugewinnen, haben Sie nur eine Chance: KÜNDIGEN SIE – und zwar am besten noch heute!

Wenn sich eine Situation wirklich nicht verändern lässt, dann zeigen die Signale auf Aufbruch. Werden Sie aktiv und gehen Sie mit der Kraft der Begeisterung einen neuen Weg – es lohnt sich. Denn als Verkäufer leben Sie zu einem großen Teil von Ihrem inneren Feuer, von der Begeisterung, die Sie trägt. Sorgen Sie dafür, dass es immer brennt! Sonst verschenken Sie wertvolle Kraftreserven und Potenziale, die andere ausschöpfen.

Deshalb: Leben und nutzen Sie Ihre gefühlte Begeisterung dafür, andere Menschen zu gewinnen, werden Sie mit Begeisterung zum Piranha Seller! Wie Sie diese individuell ganz unterschiedliche Begeisterung vermitteln, welche Techniken es gibt, um andere mitzuziehen und so auch Verkaufsgespräche gezielt zu steuern, erfahren Sie im nächsten Kapitel.

Kapitel 7
Begeisterung vermitteln – damit der Funke überspringt

Wer das Feuer der Begeisterung in sich trägt und dies für sich erkennt, hat einen ersten wichtigen Schritt zum Piranha Selling®, der Königsklasse des Verkaufens, geschafft. Es geht nun darum, diesen inneren Funken weiterzugeben, indem man andere begeistert. Denn wer andere begeistern kann, hebt sich von der grauen Masse ab und hat mehr Erfolg.

Um Begeisterung zu vermitteln, muss man sich zunächst darüber klar werden, wie Kommunikation funktioniert. Was beim inneren Feuer noch eine Frage der kritischen Selbstbeobachtung war, ist nun, wenn es darum geht, Begeisterung weiterzugeben, weitaus vielschichtiger. Plötzlich kommen neue Aspekte hinzu, wie zum Beispiel das Verhalten des anderen, seine möglichen Empfindungen und seine Wahrnehmung. Schon bei vermeintlich eindeutigen Sachverhalten stellt man plötzlich fest, dass Menschen unterschiedlich verstehen und reagieren – obwohl wir doch dasselbe gemeint, gesagt oder getan haben.

Für Verkaufsgespräche hat das erhebliche Folgen. Was beim einen Kunden als schneller Türöffner funktioniert, wird beim anderen unerwartet zum K.O.-Kriterium. Themen, die manche über Stunden vertiefen würden, langweilen andere wieder. Und Argumente, die hier ziehen, prallen dort förmlich gegen eine Mauer der Ablehnung. Wie aber soll sich der einzelne Verkäufer in diesem Dickicht aus persönlichen Vorlieben, Individualität und Vorurteilen zurechtfinden? Ist ein ausführliches Studium der Psychologie die einzige Chance, zielgruppengerecht und damit erfolgreich verkaufen zu können?

Zufriedene Kunden sind gut, begeisterte Kunden besser!

Zugegeben, die Vorstellung entbehrt nicht eines gewissen Reizes. Heerscharen von Verkäufern wären plötzlich in der Lage, die Bedürfnisse des einzelnen Kunden zu erkennen und entsprechend angenehme Verkaufssituationen zu gestalten. Die Käufer wiederum würden ihre gesammelten Vorurteile ablegen, da sie ja einen Berufsstand neu entdecken, der ihnen den Weg zu mehr Zufriedenheit und Service bereitet. Auch für die Wirtschaft hätte dies positive Folgen: Denn, wo eifrig verkauft und gekauft wird, bleibt das Geld im Fluss und kurbelt die Finanzkreisläufe an – ein wahrer Traum für ökonomisch denkende Menschen!

Doch die Praxis ist weit davon entfernt – und daran wird sich auch mittel- bis langfristig nichts ändern, so verlockend es klingen mag. Es gibt jedoch durchaus Wege, hier zumindest wichtige Impulse zu geben, neue Akzente zu setzen und in ihrem Verhalten eingefahrene Verkäufer mit Trainings aus der Lethargie des Alltags zu holen. Die Grundvoraussetzung dafür ist allerdings, dass der Bedarf von den Betroffenen tatsächlich erkannt wird.

Mittlerweile gibt es zu diesem Thema zahlreiche Studien, die eines ganz klar herausstellen: Ein begeisterter Kunde bringt deutlich mehr Umsatz, als ein zufriedener Kunde! Zwar gehen die konkreten Zahlen in den einzelnen Untersuchungen – je nach Branche – weit auseinander und schwanken zwischen 50 und 300 Prozent Umsatzsteigerung, was hier nicht weiter berücksichtigt werden soll. Entscheidend ist einzig und allein der Umstand, *dass* es so ist!

Daran erkennen Sie begeisterte Kunden!

Um zu verstehen, was genau mit der Unterscheidung zwischen „zufriedener Kunde“ und „begeisterter Kunde“ gemeint ist, hilft ein Blick auf die in den Studien abgefragten Parameter: So erkennen zufriedene Kunden eine freundliche und gute Beratung eines Verkäufers an. Sie sind von der Qualität und den Leistungsmerkmalen eines Produktes im Prinzip überzeugt und wissen zum Beispiel auch, dass sie im Fall einer Reklamation keine Schwierigkeiten mit dem Verkäufer oder dem Unternehmen bekommen würden.

Zufriedene Kunden kommen aus Gewohnheit oder Bequemlichkeit wieder – es spricht ja nichts dagegen. Sie aufgrund Ihrer Zufriedenheit als Stammkunden einzustufen, wäre jedoch ein eklatanter Fehler. Denn im Gegensatz zu begeisterten Kunden fehlt ihnen meist die emotionale Beziehung zum Verkäufer – und damit ein entscheidender Faktor in der zwischenmenschlichen Kommunikation! Treffen sie dann auf eine andere Verkäuferpersönlichkeit, die ihnen genau diese Beziehungsebene bietet, sind sie garantiert zu einer Veränderung bereit!

Von daher ist es verständlich, dass begeisterte Kunden die oben angeführten Kriterien nicht einmal explizit nennen, sondern schlichtweg voraussetzen. Begeisterte Kunden haben ganz andere Schwerpunkte: Der Kaufakt allein interessiert sie nur peripher. Was mitunter zählt, ist die Verfügbarkeit des Verkäufers; und das wiederum lässt sich nicht auf logistisch-technische Fragen reduzieren, sondern ist eindeutig eine Beziehungsdimension. Einher geht ebenso mit entscheidender Tragweite das After-Sales-Management, was heute einen großen Teil der Kundenpflege einnimmt. Denn begeisterte Kunden erwarten einfach, dass der Verkäufer ihre Bedürfnisse genau kennt und sich auch *nach* dem Kauf stets darum bemüht, diese zu befriedigen. Bei auftretenden Reklamationen enden diese nicht mit einer „zufriedenen“ Lösung, sondern vorzugsweise mit einer optimalen!

Denn Studien haben ergeben, dass ein Kunde, dessen Beschwerde oder Reklamation gut verläuft, um ein Fünffaches treuer ist, als ein Kunde, mit dem Sie noch nie eine solche Herausforderung bewältigen mussten. Manche Unternehmen gehen sogar so weit, dass sie bewusst in ihre Produkte Fehler einbauen und dann den Kunden mit einer bereits fertigen Lösung aus der Schublade ihre Leistungsfähigkeit demonstrieren. Eine Strategie, die allerdings nur allzu schnell nach hinten losgehen kann und die deshalb mit äußerster Vorsicht zu genießen ist.

Begeisterte Kunden sind also nicht jene, die aus welchen Gründen auch immer nicht zum Wettbewerber wechseln, sondern diejenigen, die eine langfristige Verkäufer-Kundenbindung als gleichwertige Beziehung wünschen. Und genau deswegen muss der begeisterte Kunde das Ziel eines jeden Verkäufers sein. Denn der zufriedene Kunde kommt nur vielleicht wieder, der begeisterte Kunde hingegen kommt ganz sicher wieder!

Piranha Point
Machen Sie sich ganz genau klar, was der Kunde von Ihnen erwartet und was ihn begeistert. Konzentrieren Sie dann Ihre ganze Energie darauf, ab sofort und von Anfang an Begeisterung zu vermitteln!

Wie Kunden von heute begeistert werden wollen

Schaut man sich erfolgreiche Unternehmen einmal näher an (und dabei spielt die Branche keine Rolle!), wird deutlich, wie sehr Kundenorientierung im Mittelpunkt steht. Ganz gleich, ob es sich um einen Automobilkonzern handelt, der Autos maßgeschneidert liefert, oder um den Pizza-Service um die Ecke – stets passiert bei den Gewinnern der jeweiligen Branche gerade im Verkauf mehr, als bei anderen.

Ein alltägliches Beispiel macht klar, um was es dabei geht: Eine Familie beschließt, am Wochenende für die ganze Familie Pizza über einen Lieferservice zu bestellen. Beim Blick in die Gelben Seiten stellt der Vater fest, dass es im Ort drei dieser Dienstleister gibt. Da er bislang keinen kennt, wählt er die erste Nummer. Eine freundliche Dame nimmt Name, Adresse und Bestellung auf und garantiert die Lieferung in etwa 25 Minuten.

Nach 23 Minuten wird die Pizza pünktlich von einem freundlichen Fahrer geliefert und gegen Rechnung beglichen. Die Pizza ist frisch, köstlich belegt und ein voller Erfolg. Der Dienstleister hat einen *zufriedenen* Kunden gewonnen.

Einige Wochen später beschließt die Familie, ihre guten Erfahrungen mit der Pizza zu wiederholen. Beim erneuten Blick in das Telefonbuch erinnert sich der Vater daran, dass es ja noch zwei andere Lieferdienste im Ort gibt. Kurz entschlossen wählt er die Nummer des zweiten Anbieters. Auch hier nimmt eine freundliche Dame die Bestellung auf. Dann erkundigt sie sich nach Sonderwünschen und macht auf Tagesangebote aufmerksam. Außerdem fragt sie, wie viele Kinder zum Haushalt gehören und ob der Kunde weißen oder roten Wein bevorzugt. Der Vater gibt ein wenig überrascht aber bereitwillig Auskunft.

Wie angekündigt klingelt der Pizza-Service 20 Minuten später bei der Familie. Ein freundlicher Fahrer überreicht die bestellten Pizzen, eine kleine Vorspeisenplatte als Erstbestellungsgeschenk gratis, 3 Päckchen Gummibärchen für die Kinder zum Nachtisch und eine Flasche eiskalten Weißwein als Gruß des Hauses. Außerdem ist der Rechnung ein ausführlicher Katalog mit dem Produkt- und Leistungsangebot beigeheftet.

Der angenehm berührte Vater zahlt die Rechnung – nicht ohne ein üppiges Trinkgeld für den Fahrer zu geben, während seine drei Söhne im Hintergrund über die Süßigkeiten jubeln. Im Anschluss genießt er mit seiner Familie nicht nur die zum anderen Lieferanten vergleichbar gute Pizza, sondern freut sich mit seiner Frau über die liebevoll zusammengestellte Vorspeise bei einem gekühlten Glas Weißwein. Der Pizzadienst hat einen *begeisterten* Kunden gewonnen, der gar nicht mehr auf die Idee käme, zum ersten Anbieter zu wechseln, geschweige denn, den dritten auszuprobieren.

Warum sind Kunden so anspruchsvoll geworden?

In einer Zeit, in der Massenproduktion in allen Bereichen des täglichen Lebens Einzug gehalten hat, wird der Ruf nach Klasse immer lauter. Der Mensch ist und bleibt ein Individuum und möchte deshalb auch so behandelt werden!

Der Kunde im Verkaufsgespräch will folglich ebenfalls spüren, hören und sehen, dass er als Persönlichkeit und nicht als Käufertyp wahrgenommen wird. Die Qualität der Produkte oder Dienstleistungen allein kann ihn also nicht zufrieden stellen. Denn was der Kunde in dieser Konstellation noch nicht kennt, ist Verblüffung. Alles ist möglich – der Kunde, der bei Ihnen kauft, muss in Zukunft einen Aha-Effekt der Begeisterung erfahren. Denn als Teil einer Konsum- und Erlebnisgesellschaft erwartet er auch beim Kauf eine perfekte Show – sei es, um das Produkt zu erklären, den Nutzen vorzuführen oder zu spüren, dass er als Käufer etwas ganz Besonderes ist. Wer also in der Lage ist, den Kunden nicht nur fachlich-intellektuell zu interessieren, sondern ihn gleichzeitig auch sinnlich anspricht und inspiriert, hat die Zeichen der Zukunft erkannt!

Dahinter verbirgt sich eine Entwicklung, die spätestens seit den achtziger Jahren eingesetzt hat: Die Märkte haben sich grundlegend verändert. Gab es noch vor etwa dreißig Jahren typische Marktmitten, die die breite Masse der Käufer weitgehend repräsentierten, so sehen sich Verkäufer heute mit vollständig individualisierten Teilmärkten konfrontiert, die alle auf unterschiedliche Ansprache reagieren. Und das macht Verkaufen für viele nicht leichter.

Doch diese scheinbare Schwierigkeit ist in Wirklichkeit eine phantastische Herausforderung für alle, die verkaufen wollen! Endlich müssen Sie nicht mehr alle das Gleiche tun – im Gegenteil: Plötzlich kommt es auf Sie an, auf Ihre Persönlichkeit und Ihre soziale Kompetenz, um Erfolg zu haben. Ist das nicht eine verheißungsvolle Chance? Jahrzehntelang gab es „den Verkäufer“ – und nun erobern Sie die Bühne des Erfolges! Worauf also warten Sie noch?

Piranha Point
Stimulieren Sie den Kunden, wecken Sie Wünsche, berühren Sie ihn emotional – und er wird die Nähe zu Ihnen in bare Münze umsetzen. Nehmen Sie ihn ernst, zeigen Sie, was er Ihnen Wert ist und machen Sie ihm klar, dass Sie stets da sind für ihn – und er wird Ihnen aus der Hand fressen. Und vor allem: Verdeutlichen Sie durch Taten und eigenes Engagement, dass Sie gedanklich auch dann bei ihm sind, wenn er gerade nichts bei Ihnen kauft – und Sie haben garantiert einen begeisterten Kunden gewonnen!

Was tun, wenn der Funke nicht überspringt?

In meiner Tätigkeit als Trainer erlebe ich es immer wieder, dass auch ehrgeizige und engagierte Verkäufer es nicht schaffen, Begeisterung zu vermitteln. Dabei besitzen viele von ihnen durchaus das so genannte „innere Feuer“. Sie lieben ihren Beruf, würden sich selbst als leidenschaftliche Verkäufer bezeichnen, spüren tief in sich Begeisterung für das, was sie tun und sind stets offen für Neues. Dennoch gelingt es ihnen nicht, während eines Verkaufsgespräches diese positiven Werte und Emotionen auf den Kunden zu übertragen. Und da sie sich dieses Mankos durchaus bewusst sind, rutschen sie automatisch in einen Grad der Verunsicherung hinein, der nichts mit ihrem eigentlichen Standing, mit ihrer Persönlichkeit zu tun hat.

In solchen Fällen stellt sich zunächst einmal die Frage, wie man diesem Fehlverhalten und seinen Ursachen am besten auf die Spur kommt. In der Praxis hat sich dabei das Training-on-the-job bewährt. Der Verkäufer wird von mir bei seiner täglichen Arbeit begleitet, sei es im Face-to-Face-Gespräch mit Geschäftspartnern und Kunden oder bei der Telefonakquise und Terminierung. Damit dieses ungewohnte Coaching bei den Kunden vor Ort nicht zu Irritationen führt, lasse ich mich dabei gern als Mitarbeiter aus dem Bereich Marketing oder als Verkäufer, der für diesen Bereich neu eingearbeitet wird, vorstellen. Beim Telefonverkauf ist diese doppelte Besetzung eher unkompliziert, da der Kunde es schlicht und ergreifend gar nicht mitbekommt.

Während nun das übliche Verkaufsgespräch stattfindet, beobachte und analysiere ich den Verkäufer ganz genau – angefangen bei der Körperhaltung über non-verbale Kommunikation bis hin zum gesprochenen Wort und den daraus resultierenden Reaktionen des Käufers.

Sinnvoll: Gemeinsame Analyse unmittelbar nach dem Gespräch

Der Vorteil von Training-on-the-job liegt auf der Hand: Da sich die Selbstwahrnehmung immer von der Fremdwahrnehmung unterscheidet, ist für den Verkäufer zunächst einmal hoch interessant, wie er im Gespräch auf mich als Trainer wirkt. Natürlich ist für viele die ganze Situation zunächst ungewohnt und manchmal sogar unangenehm, doch erfahrungsgemäß vergessen die Verkäufer meine Anwesenheit nach kurzer Zeit und konzentrieren sich voll und ganz auf den Kunden.

Nach Beendigung des Verkaufsgespräches wird das Verhalten des Verkäufers analysiert. Diese Phase ist immer ein besonders spannender Prozess, da es Menschen üblicherweise schwer fällt, Kritik von anderen anzunehmen. Selbst dann, wenn der Verkäufer explizit wollte, dass ich mit ihm on-the-job trainiere, sind die ersten fünf Minuten der Analyse oft von inneren Widerständen gekennzeichnet. Sie äußern sich mit umständlichen Erklärungen und Ausflüchten, die ich auch gerne als „Erfolgsverhinderer“ bezeichne, warum etwas in einer bestimmten Weise getan und gesagt wird. Und stets verweisen sie auf den angeblichen oder tatsächlichen Willen des Vorgesetzten oder bedienen sich anderer Rettungsanker.

Am Telefon zeichne ich die begleiteten Gespräche gern auf. So habe ich nach dem Telefonat die Möglichkeit, gemeinsam mit dem Verkäufer Schritt für Schritt zu rekapitulieren, wie jedes Gespräch abgelaufen ist. Dabei fordere ich den Verkäufer im ersten Schritt zunächst auf, mir zu schildern, wie das Gespräch denn aus seiner Sicht gelaufen ist und welche Dinge ihm selbst aufgefallen sind. Das wichtige Detail kommt dann: Im Anschluss an die Analyse versucht der Verkäufer, die festgestellten Fehler oder Mankos im nächsten Gespräch sofort zu verbessern oder zu unterlassen – wiederum in meinem Beisein. So trainiert er sinnvoll aufeinander aufgebaut und direkt in der Praxis, sein Verkaufsverhalten zu optimieren und kann dabei gleichzeitig überprüfen, welcher Weg ihm am besten liegt.

Wenn ich mit Außendienstmitarbeitern unterwegs bin, läuft das Training-on-the-job meist so ab, dass wir die Analysen auf den Fahrten zwischen den verschiedenen Kunden in so genannten „Bordsteingesprächen“ durchführen. Auch hier überlegen wir gemeinsam, was gut gelaufen ist und was weniger gut, oder wie der Verkäufer sofort Veränderungsprozesse einleiten kann, die bereits im nächsten Verkaufsgespräch umgesetzt werden sollen.

Das sind die häufigsten Begeisterungs-Killer

Erstaunlicherweise gibt es ganz typische Fehler, die auch alten Hasen beim Kundenbesuch immer wieder im Verkaufsgespräch unterlaufen. Meist stelle ich bei Face-to-Face-Gesprächen in den ersten Sekunden fest, dass der Funke tatsächlich nicht überspringt – und mir ist auch klar warum. Denn schon bei der Begrüßung machen viele Verkäufer einen entscheidenden Fehler: Sie gehen freundlich auf den Kunden zu, reichen ihm dynamisch die Hand, sprechen ihn mit geschulter Stimme und festem Blick an, wechseln zum Warming-up ein paar freundliche Worte – und versinken dann in ihren Verkaufsunterlagen, die sie aus irgendwelchen Mappen oder Taschen hervor kramen.

In diesem Moment entgleitet den Verkäufern der Kunde bereits, ohne dass sie es überhaupt bemerken. Schuld daran ist der zu schnell unterbrochene Blickkontakt mit dem Kunden – auch, wenn es scheinbar erforderlich ist. Ist es aber nicht! Das Material kann ruhig noch ein wenig warten! Viel wichtiger sind in den ersten Minuten all jene Worte, die auf freundlich-persönlicher Ebene gewechselt werden und für eine vertrauensvolle Gesprächsatmosphäre sorgen. Zu beachten ist, dass man sich diese Zeit nimmt, um das anschließende Gespräch so angenehm wie möglich zu gestalten.

Piranha Point
Signalisieren Sie dem Kunden, dass Sie Zeit für ihn haben und sich für seine Belange interessieren. Tun Sie dies vor dem eigentlichen Verkaufsgespräch, um eine vertrauensvolle Gesprächsbasis aufzubauen! Legen Sie sich eine Kundendatenbank an. Haben Sie bereits eine solche, schaffen Sie sich in dieser Kundendatenbank ein Kreativfeld und tragen Sie hier persönliche kundenspezifische Informationen ein und sammeln Sie jedes noch so kleine persönliche Detail. Es wird Ihnen als Brücke zu Ihrem nächsten Verkaufsgespräch dienen.

Wertschätzung – das A und O im Verkaufsgespräch

Zelebrieren Sie auch die Übergabe der Visitenkarte. Legen Sie die Karte nicht einfach auf den Tisch. Auch wenn Sie die Visitenkarte des Kunden erhalten, dürfen Sie diese nicht zur Seite oder zu Ihren

Unterlagen ablegen. Platzieren Sie stattdessen die Visitenkarte sichtbar auf den Tisch. Auf diese Weise signalisieren Sie dem Kunden ein hohes Maß an Wertschätzung. Der Vorteil liegt auf der Hand, denn Sie schauen im Laufe des Gesprächs öfters auf die Karte und werden so daran erinnert, den Kunden immer wieder einmal mit dem Namen anzusprechen.

Vor allem bei Erstgesprächen erhält der Verkäufer vom Kunden oft die eigenen Firmenunterlagen. Dies sind meist Materialien in Form von Printmedien, die dem Verkäufer einen ersten Überblick über den Kunden verschaffen sollen. Nun ist in klassischen Verkaufsgesprächen natürlich keine Zeit dazu, all diese Unterlagen ausführlich zu studieren – so aufschlussreich es auch sein mag. Es wäre jedoch fatal, diese Broschüren, Flyer oder Produktmappen einfach unbeachtet in die Tasche zu stecken!

Nehmen Sie sich auch hier die Zeit und blättern Sie kurz in den Papieren. So zeigen Sie dem Kunden, dass Sie sich für ihn und sein Unternehmen interessieren und ihn wertschätzen – immerhin erwarten Sie das auch von ihm!

Ohne Blickkontakt keine Funken!

Ist die erste Hürde, das Warming-up, einigermaßen erfolgreich genommen, warten schon die nächsten Begeisterungs-Killer, denn die Präsentation des Angebotes steht an. Beim Training-on-the-job beobachte ich immer wieder, wie dabei allein durch mangelnden Blickkontakt oder Unruhe im Blick große Chancen vergeben werden. Zugegeben: Spätestens dann, wenn Sie das Angebot mehr als einer Person unterbreiten müssen, kommen Sie mit Ihrer Blickrichtung in Gewissenskonflikte. Einerseits möchten Sie alle Gesprächspartner im Auge haben, andererseits wollen Sie natürlich vermeiden, Ihren Kopf wie bei einem Tennismatch hin und her zu drehen. Aus dieser Zwickmühle heraus machen viele Verkäufer den Fehler, sich schwerpunktmäßig nur auf eine Person zu konzentrieren – oder sie lassen ihren Blick undefiniert durch die Menge der Zuhörer schweifen. Dass so keine Begeisterung vermittelt werden kann, ist leicht nachzuvollziehen.

Es gibt jedoch einen Trick, der Sie vor diesem Dilemma bewahrt: Suchen Sie tatsächlich Blickkontakt mit jedem, indem Sie sich wiederum Zeit nehmen. Sicherlich besteht auch Ihr Verkaufsgespräch aus inhaltlichen Informationseinheiten, die dem Kunden in kleinen Segmenten angeboten werden. Suchen Sie sich für jede dieser Informationseinheiten ein Gegenüber aus, den Sie direkt ansprechen. Beim Wechsel auf das nächste Thema schwenken Sie zum nächsten Kunden um. So hat jeder das Gefühl, persönlich von Ihnen angesprochen und ausreichend betreut zu werden – und Sie können sich entspannter auf Ihr Gespräch konzentrieren.

So behalten Sie den Kunden im Blick

Da das Thema „Blickkontakt“ im Verkaufsgespräch so wichtig ist, macht es Sinn, diesen Part bereits bei der grundsätzlichen Planung des Procedere beim Kunden zu berücksichtigen. Wenn Sie also die Gelegenheit haben, die Präsentationen frei und nach Ihren Wünschen zu gestalten, sollten Sie vorab über die technischen Hilfsmittel nachdenken.

So ist es im Zeitalter von Computer und Internet natürlich verlockend, möglichst voll im Trend einen multimedialen Auftritt hinzulegen, um dem Kunden gleichzeitig zu demonstrieren, wie modern und versiert man ist. Doch ist es im direkten Kontakt mit dem Kunden wirklich sinnvoll, ständig in eine Tastatur zu hämmern, nur um dann gemeinsam auf einen Beamer zu starren? Oder – noch viel schlimmer – ist es wirklich angenehm, zusammen mit dem potenziellen Käufer den meist recht kleinen Bildschirm eines Laptop zu fixieren? Den Blick des Kunden fangen Sie so nicht ein, können aus seinem Gesicht also keine Reaktionen auf Ihre Worte und Angebote ablesen. Und der Kunde wiederum ist derart abgelenkt von irgendwelchen Großbildern oder flimmernden Bildschirmen, dass er gar nicht mehr auf die Idee kommt, Ihren Blick zu suchen!

Das Dilemma wird im Versicherungswesen besonders deutlich: Vorbei sind die Zeiten, in denen der Verkäufer für den Kunden spontane Schaubilder skizzierte oder auf Wunsch auf einem Blatt Papier Musterrechnungen notierte! Alles läuft über den PC – und das gesamte Verkaufs- oder Beratungsgespräch wird so zu einer Geheimnis umwobenen, für den Kunden kaum nachvollziehbaren Dateneingabe. Da der Verkäufer sich dabei natürlich sowohl auf das Tippen an sich und spezielle Funktionstasten, als auch seinen stets etwas langsameren Bildschirm konzentrieren muss, bricht der unmittelbare Blickkontakt zum Kunden hier meist völlig ab.

Piranha Point
Ein guter Verkäufer bleibt im ständigen Blickkontakt mit dem Kunden! Benutzen Sie im Verkaufsgespräch daher technische Hilfsmittel, die von Ihnen und vom Produkt ablenken könnten, nur dann, wenn es wirklich zwingend erforderlich ist. Ein Monolog schafft Distanz – wenn Sie jedoch gemeinsam ein Angebot erarbeiten, kommen Sie sich näher und der Kunde fühlt sich persönlich betreut. Verstecken Sie sich nicht hinter neuzeitlicher Technik.

Ganz schlecht kommt es dann natürlich an, wenn zusätzlich technische und bedienungsbedingte Funktionsschwächen des Gerätes auftauchen – und das kommt oft genug vor! Nicht umsonst gibt es seit Jahren ganze Seminarreihen zum Thema „Computer Aided Selling“ (CAS), in denen neben programmatischen Fragen auch genau jene Schwierigkeiten thematisiert werden. Dennoch: eine zufriedenstellende Lösung wurde meiner Meinung nach bislang noch nicht gefunden – auch wenn dank PC Beispielrechnungen schneller ausgedruckt und Vergleichszahlen sofort abgerufen werden können. Letztendlich entscheidet auch (und gerade!) hier das

Vertrauensverhältnis zwischen Verkäufer und Käufer darüber, ob ein Vertrag zustande kommt oder nicht. Und Vertrauen entwickelt man im Verkaufsgespräch zum überwiegenden Teil bei direktem, unmittelbarem persönlichen Kontakt.

Wenn das Leuchten in den Augen fehlt

Oft stelle ich auch fest, dass Verkäufer das Gespräch zwar mit guter Körpersprache, hervorragender Rhetorik und sinnvoll vorgebrachten Argumenten führen, ihnen jedoch das Leuchten in den Augen fehlt. Anspannung und Aufregung in der Situation sind hier meist die Ursache – jedoch keine Entschuldigung! Ohne dieses berühmte Funkeln, das sympathische Strahlen in den Augen fällt es schwer, etwas zu verkaufen, insbesondere dann, wenn das Produkt oder die angebotene Dienstleistung nicht ansprechend wirkt. In meinen Trainings versuche ich den Teilnehmern das immer näher zu bringen, indem ich einen „Lutscher" aus der Tasche ziehe. Dann erkläre ich den Teilnehmern, dass sie einen solchen Lutscher einmal einem Kind schenken sollen. Wenn man dann das Kind genau beobachtet, kann man deutlich sehen, wie die Augen zu leuchten und zu funkeln beginnen. Und genau dieses Funkeln ist es, von dem ich spreche, nicht von dem festgefrorenen Dauergrinsen eines Pommesbuden-Besitzers.

Nun ist es natürlich nicht ganz einfach, eben jenen Ausdruck im Blick zu trainieren, zumal persönlichkeitsbedingt individuelle Unterschiede zum Tragen kommen. Mit ein paar kleinen Tricks kann jeder jedoch daran arbeiten, einen strahlenden Blick ins Gesicht zu zaubern. Eine oft genutzte Möglichkeit besteht darin, sich eine angenehme Begebenheit vorzustellen und diese dann als Bild mit in das Gespräch zu nehmen. Dieses Vorgehen erfordert jedoch ein wenig Übung und birgt die Gefahr, sich durch allzu angenehme Erinnerungen von der eigentlichen Aufgabe ablenken zu lassen.

Ein anderer Weg hat etwas mit Körperkontrolle zu tun und kann mühelos vor dem Spiegel trainiert werden: Stellen Sie sich locker hin und schauen Sie sich gerade und mit festem Blick an. Konzentrieren Sie sich nun auf die vielen kleinen zarten Muskeln rund um Ihre Augen. Öffnen Sie dann die Augen ein wenig weiter als üblich und spannen Sie die Muskeln rundherum ganz leicht an. Achtung: Gemeint ist hier wirklich nur ein leiser Hauch, kein Blinzeln! Wenn Sie nun Ihren Mund ganz leicht zu einem angedeuteten Lächeln verziehen, wirken Ihre Augen strahlender als zuvor. Probieren Sie es einfach einmal – Sie werden merken, wie gut es funktioniert.

Diese Übung können Sie dann ganz leicht im Verkaufsgespräch durchführen – und innerhalb weniger Sekunden empfindet der Kunde Ihren Blick als warm, vertraut und sympathisch.

Vorführen statt vorfuchteln

Wenn ich in Sachen Training-on-the-job mit Verkäufern unterwegs bin, die gern wissen möchten, wie es ihnen gelingt, Begeisterung zu vermitteln, suche ich zunächst nach Verhaltensweisen, die dies verhindern. Denn in vielen Fällen ist dies der entscheidende Schritt: ein Fehlverhalten auszumerzen, das positive Impulse verhindert.

Eine ganz typische Situation ist hier der Umgang mit Mustern, Modellen, Produktbeispielen, Warenproben oder Vorführgeräten. Ich erlebe es immer wieder, dass spätestens nun die Bewegungen des Verkäufers hektisch und zu schnell werden, und der Kunde seinen Ausführungen nur schwer folgen kann. Einmal abgesehen davon ist es auch ziemlich unangenehm, wenn das Gegenüber plötzlich mit Stiften, Teppichmustern oder Heimwerkergeräten herumfuchtelt, ohne dem anderen die Chance zu geben, diese Dinge in aller Ruhe zu betrachten.

Oft geht mit dieser Unruhe in der Bewegung dann auch eine schnellere und aufgeregtere Sprache einher, die zu einer noch stärkeren

Verunsicherung des Käufers führt. Denn er interpretiert den unprofessionellen Umgang mit den gezeigten Produkten natürlich dahin gehend, dass die Ware nicht einfach zu bedienen oder schlichtweg schlecht ist. Zu einem Kaufabschluss kommt es in diesen Fällen nur sehr selten.

Gehen Sie sorgsam mit der Ware um!

Was ich auch immer wieder erlebe, ist ein zu laxer Umgang mit der Ware, die man verkaufen will. Ich gebe ja zu, dass ein gewisses Maß an Lässigkeit gerade bei jüngeren Kunden gut ankommen mag. Doch die Gradwanderung zwischen „lässig" und „nachlässig" geht nur allzu häufig schief.

Denn der Kunde ist empfindlich und registriert ganz genau, wie Sie die Ware behandeln. Sogar in großen Kaufhäusern, die voll und unruhig sind, erwartet der Kunde auch in hektischer Betriebsamkeit, dass Sie sorgsam mit den Produkten verfahren. Auch wenn für die Ware keine Gefahr besteht, werfen Sie niemals Warenkartons herum, es kommt schlecht an. Geben Sie den Waren die nötige Wertschätzung. Denn der Kunde möchte ja ein gutes, gepflegtes Produkt kaufen – und keinen Ramsch.

Besonders deutlich wird Ihr persönlicher Umgang mit den Produkten im Rahmen einer Präsentation oder Funktionserklärung. Technische Geräte beispielsweise verlieren an Attraktivität, wenn Sie im Schnelldurchlauf gezeigt werden und Sie sich dabei mehrmals „vergreifen". Ganz ähnlich bei Kleidung: Hemden, Hosen, Röcke oder auch Warenmuster, die dem Kunden auf den ersten Blick nicht zusagen und deshalb von Ihnen auf einen unordentlichen Stapel verbannt werden, können (unbewusst) Reaktionen beim Kunden auslösen, die ihn an der Qualität der Ware zweifeln lassen und die Kaufentscheidung negativ beeinflussen. Denn wenn so mit der Ware oder den Mustern umgegangen werden darf, wie steht es dann um die Produkte?

Vorsicht – nicht zu nahe kommen!

Sicherlich ist es Ihnen auch schon einmal so ergangen, dass Ihnen jemand im Gespräch unangenehm nahe gekommen ist. Wahrscheinlich haben Sie sich in dieser Situation sehr unwohl gefühlt, und zwar nicht nur psychisch, sondern auch physisch. Das ist völlig normal. Wissenschaftler haben schon seit langem festgestellt, dass jeder Mensch einen „persönlichen Raum“ besitzt, der etwa einen Radius von 70 Zentimetern um ihn herum ausmacht. Halten wir und der Gesprächspartner diesen Sicherheitsabstand ein, können wir ein Gespräch genießen; betritt jedoch jemand unerwünscht diesen Raum, fühlen wir uns unbewusst bedroht, drangsaliert oder sogar körperlich belästigt – und treten meist einen Schritt zurück. Hält der Gegenüber jedoch diesen Abstand ein, gelingt es ihm vielleicht sogar, genau jene 70 Zentimeter zu treffen, nehmen wir die Gesprächssituation als besonders angenehm wahr.

Warum das so ist, wurde in zahlreichen Studien untersucht und hat vielfältige Gründe, die allein ein ganzes Buch füllen würden. Ein Faktor ist sicherlich die Funktionsfähigkeit der Augen: Bei einem dreiviertel Meter Abstand sind wir noch in der Lage, den Gesprächspartner in voller Größe zu erkennen, ohne mit den Augen zu wandern. Kommt er uns näher, haben wir ihn nicht mehr vollständig im Blick und fühlen uns verunsichert.

Zu große körperliche Nähe hat – sieht man einmal von Familie, Freundschaft oder Liebe ab – immer etwas Bedrohliches. Wer einem auf die Pelle rückt, fordert oder will etwas – und zwar etwas, was man selbst so nicht will! Man weicht zurück, nimmt eine ablehnende Haltung ein und beschließt instinktiv, mit diesem Menschen nur unwillig oder gar nicht zu kommunizieren.

Für ein Verkaufsgespräch ist das natürlich fatal, und trotzdem beobachte ich dieses Verkäuferverhalten immer wieder. Ganz gleich, ob im Einzelhandel oder im Verkaufsaußendienst – viele Verkäufer scheinen den persönlichen Raum des Kunden nicht zu kennen oder nicht akzeptieren zu wollen. Dabei ist es ganz einfach, auch wenn Sie nicht genau wissen, wie viel Abstand 70 Zentimeter ausmachen: Strecken Sie einfach Ihren Arm nach vorne aus (oder stellen Sie sich vor, es zu tun); wenn Sie dann das Gegenüber gerade noch nicht berühren, sind Sie auf der sicheren Seite.

Übrigens erlebe ich diese Grenzüberschreitung gerade bei kleineren Personen besonders häufig. Ich bezeichne dies gern als das Napoleon-Syndrom, da der französische General und Kaiser aufgrund seiner geringen Körpergröße auch dazu neigte, größeren Gesprächspartnern zu nahe zu kommen. Hinzu kam beim kleinen Franzosen noch die Tatsache, dass er gern ganz leise sprach und auf diesem Weg seine Zuhörer zusätzlich zur räumlichen Nähe zwang – ein Trick, den Sie als Verkäufer unbedingt unterlassen sollten!

Begeisterung vermitteln bedeutet (aktiv) zuhören

Auch wenn es sich im ersten Moment zu widersprechen scheint: Ein Verkäufer, der Begeisterung vermitteln will, hört in erster Linie zu! Wenn nämlich dieser berühmte Funke, der überspringen soll, im Redeschwall des Verkäufers förmlich untergeht, wird ihn der Kunde zu keinem Zeitpunkt wahrnehmen und das Gespräch ohne Abschluss beenden. Es stellt sich nun die Frage, wie man in der Praxis etwas verkaufen soll, ohne allzu viel zu reden. Doch auch hier gibt es ein paar einfache Regeln, die dem Verkäufer helfen, das richtige Maß zu finden.

Zunächst einmal sollten Sie sich eines zum Prinzip machen: Der Kunde wird nicht unterbrochen, wenn er redet. Einmal abgesehen davon, dass Sie als Verkäufer von einem bereitwillig erzählenden Kunden viele wichtige Details erfahren, ist es schlichtweg unhöflich, ihm ins Wort zu fallen. Denn wenn der Kunde redet, dann hat dies einen Grund – er möchte Ihnen etwas mitteilen, seine Wünsche formulieren oder seinen Bedarf präzisieren.

Ich erlebe es beim Training-on-the-job gerade im Außendienst immer wieder, dass Verkäufer heimlich auf die Uhr schielen und dann damit beginnen, die Kunden systematisch zu unterbrechen, um das eigene Verkaufsprogramm durchzuziehen. Wer glaubt, mit diesem Weg Erfolg zu haben, befindet sich auf dem Holzweg!

Natürlich stehen Sie als Verkäufer möglicherweise unter einem erheblichen Zeitdruck. Und vielleicht schweift der Kunde tatsächlich gerade bedenklich vom Thema ab. Dennoch sollten Sie ihn möglichst lang erzählen lassen – und den Fehler bei sich selbst suchen. Interessant ist hier die Frage, wie es dazu kommen konnte, dass Ihnen das Gespräch scheinbar entglitten ist. Haben Sie den Kunden unter Umständen selbst durch eine unbedachte Bemerkung zu seinem Exkurs angeregt? Stimmt etwas im Aufbau des Verkaufsgespräches nicht? Oder waren Sie für einen Augenblick unkonzentriert und haben den Zeitpunkt für eine neue Wendung im Gespräch verpasst? Oft stellt sich in der späteren Analyse heraus, dass der Kunde nur folgerichtig auf die inhaltlichen Vorgaben des Verkäufers reagiert hat; wobei der eine etwas länger dazu braucht als der andere.

Sie unterbrechen den Kunden also nicht, sondern hören ihm zu. Es ist kaum zu glauben, aber wahr: Auch hier, bei dieser scheinbar passiven Tätigkeit des Zuhörens, schleichen sich regelmäßig Begeisterungskiller ein! Zuhören ist schwieriger, als man denkt. Denn gerade in dieser Phase eines Gespräches ist es wichtig, den Käufer anzuschauen und ihm durch Gestik und Mimik zu signalisieren, dass man seinen Ausführungen folgt und ihn versteht. Es reicht eben nicht, sich gemütlich im Stuhl zurückzulehnen und einfach nur zu hören, was der Kunde erzählt – auch hier müssen Sie aktiv werden!

Nicht umsonst sprechen Psychologen in diesem Zusammenhang vom „aktiven Zuhören“. Im Gegensatz zum „passiven Zuhören“, das in der Tat das zwar aufmerksame, aber ruhige Lauschen meint, beinhaltet das aktive Zuhören ein regelmäßiges Feedback für das Gegenüber. Mit Bemerkungen wie „Sie benötigen also Unterstützung", „Ihr Bedarf liegt also im XY-Bereich" oder „Das ist sehr interessant, bitte erzählen Sie mir mehr darüber" zeigen Sie, dass Sie nicht nur zuhören, sondern auch verstehen. Und das hat im Verkaufsgespräch zwei entscheidende Vorteile: Zum einen schaffen Sie so Nähe zum Kunden, zum anderen kommen Sie auf diesem Weg immer wieder ins Gespräch, ohne unangenehm zu unterbrechen. Wer aktiv zuhört, übernimmt unmerklich die Regie – auch wenn er rein quantitativ vielleicht deutlich weniger redet. Signalisieren Sie das aktive Zuhören auch durch gelegentliches kurzes Zusammenfassen der Gesprächssituation.

Dauerredner turnen ab!

Gehören Sie auch zu den Menschen, denen es schwer fällt, zuzuhören? Dann sollten Sie sich ernsthaft fragen, ob der Beruf des Verkäufers für Sie wirklich passend ist. Oder Sie beginnen ein konsequentes Training: Zuhören, noch mehr Zuhören und dann erst reden! Gute Verkäufer hören etwa *zwei Drittel* eines Verkaufsgespräches zu, und reden nur *ein Drittel* der Zeit – so ungewöhnlich das auch erscheinen mag. Sie hören jedoch aktiv zu, signalisieren dem Gegenüber regelmäßig Aufmerksamkeit und Verständnis und verlieren niemals den Blickkontakt. Allein dadurch relativiert sich dieses Verhältnis unmerklich.

Und was passiert, wenn Sie sich nicht daran halten und die Relation beispielsweise umdrehen? Wahrscheinlich werden Sie das Produkt nicht an die Frau oder den Mann bringen, so kompetent, gut vorbereitet und rhetorisch versiert Sie auch sein mögen! Denn in dem Moment, in dem Ihre Begeisterung für das Verkaufen und das Produkt in Schwatzhaftigkeit, Dauerberieselung oder einen einseitigen Vortrag mündet, schaltet der Gesprächspartner ab – ganz gleich, wie sehr Sie sich auch engagieren.

Begeisterung vermitteln ist nicht gleichbedeutend mit Reden oder gar Überreden, sondern ein vielschichtiger Prozess, den es zu durchschauen gilt. Halten Sie sich also im Verkaufsgespräch zurück, wann immer es geht: Den Käufer interessieren in der Regel weder Ihre persönlichen Einschätzungen, noch zu ausführliche Details, sondern lediglich der Kundennutzen. Der lässt sich jedoch immer in wenigen Sätzen auf den Punkt bringen – und begeistert dann ganz von alleine!

Piranha Point
Sagen Sie dem Kunden nur das, was er wirklich wissen und hören will. Überreden Sie den Kunden nicht, sondern begeistern Sie ihn durch aktives Zuhören.

Überfrachtete Verkaufsgespräche vermeiden

Vor einiger Zeit kam der Geschäftsführer eines Büromöbelhauses auf mich zu und bat mich darum, mit einem Verkäufer zu arbeiten. Zur Ist-Analyse habe ich unerkannt speziell bei diesem Verkäufer einen Testeinkauf durchgeführt und dabei schnell gemerkt, dass es sich hier um eben jenen Typ Dauerredner handelt. Der Verkäufer neigte deutlich dazu, das Gespräch zu überfrachten. So erzählte er im Gespräch viel über den Artikel selbst und ging nur wenig auf mich ein, stellte mir kaum Fragen. Einige Tage nach dem Testeinkauf und nach meiner persönlichen Einschätzung und Analyse wurde ich dem Verkäufer von seinem Verkaufsleiter vorgestellt. Wir arbeiteten dann zunächst ein Trainingskonzept durch, das wir später in die Praxis umsetzen wollten. Im Rahmen einer Training-on-the-job-Maßnahme merkten wir schnell, dass es allein durch das Bewusstsein für das strategische Manko schon etwas besser geworden war. Trotz allem neigte der Verkäufer immer noch dazu, den Gesprächspartner mit Informationen zu den neuen Mechanismen am Bürostuhl zu überhäufen.

Hinzu kam auch das zu umfangreiche Prospekt- und Informationsmaterial zum Produkt und zum Bürohaus selbst, das er dem Kunden im Gespräch stets (gut gemeint) komplett überreichte. Jeder Kunde zog so nach einem Verkaufsgespräch nicht nur intellektuell, sondern auch materiell überfrachtet von dannen.

In weiteren Trainingseinheiten arbeitete ich mit dem Verkäufer noch einmal am Überreichen des Prospekts- und Informationsmaterials. Der Schwerpunkt lag hier auf einer gezielten Übergabe, also nicht das ganze Sortiment, sondern nur selektiv ausgesucht die Prospekte, die auch wirklich für den Kunden interessant sind. Entscheidend ist es dann, dem Kunden den Prospekt bereits im Verkaufsgespräch an die Hand zu geben und anhand dessen auch die Erklärungen vorzunehmen. Dieses Vorgehen hat den Vorteil, dass der Kunde zu Hause - vorausgesetzt, er kauft nicht sofort - einen Wiedererkennungseffekt hat. Höchstwahrscheinlich wird er sich so sogar im Detail an die Worte des Verkäufers erinnern, da er noch einmal bildlich nachvollziehen kann, was er vor Ort erlebt hat.

Auf diesem Weg ist das Training mit dem Verkäufer Schritt für Schritt vorangegangen. Mittlerweile ist er in der Lage, weniger zu argumentieren, weniger zu präsentieren, sondern dem Kunden aktiv zuzuhören und dabei genau auf die Dinge einzugehen, die dem Kunden offenbar wichtig sind. Erst dann zückt er zielgerichtet die passenden Informationsmaterialien.

Das Ergebnis dieser Trainingsmaßnahme (wie ich einige Monate später erfahren habe) war für das Büromöbelhaus ein voller Erfolg: Innerhalb kurzer Zeit konnte der Verkäufer seinen Umsatz um etwa ein Drittel erhöhen und die Kundenresonanz auf ihn persönlich wurde immer besser. Für das Unternehmen hat sich der Einsatz eines Verkaufstrainings gelohnt: Denn bereits einen Monat nach Beendigung der Maßnahme hatte sich die Investition in die Trainingsmaßnahme wieder amortisiert.

Fragen ist gut – jedoch bitte maßvoll!

Nun ist es vielen Verkäufern mittlerweile klar geworden, dass Monologe im Verkaufsgespräch keinen Erfolg haben. Schon vor Jahren wurde deshalb damit begonnen, in Trainings gezielt Fragetechniken zu erlernen und zu trainieren, die den Kunden wieder aktiv ins Gespräch holen (mehr dazu auch in Kapitel 9). Das Resultat ist jedoch nur bedingt befriedigend: Zwar wissen die meisten Verkäufer heutzutage, welche Fragearten und -techniken es in etwa gibt; beim Einsatz in der Praxis scheitern viele jedoch kläglich. Denn wie ich immer wieder bemerke, werden Fragen im Verkaufsgespräch nur mäßig angewendet.

Das hat vor allem damit zu tun, dass fast niemand die Gelegenheit erhält oder wahrnimmt, den Umgang mit Zwischenfragen in der Praxis, also im beruflichen Alltag zu üben. Damit fehlt den meisten Verkäufern die wichtigste Trainingseinheit, die sie aus der rein reproduzierenden Phase in die souveräne Anwendung bringt – und das erkennt man sehr deutlich!

Oftmals wirken die Zwischenfragen von Verkäufern gekünstelt, regelrecht auswendig gelernt oder, im schlimmsten Fall, ähnlich wie in einem Verhör. Da der Verkäufer dabei so auf seine Fragetechnik konzentriert ist, wird der Kunde dann oft den Eindruck nicht los, dass seine Antworten gar nicht wichtig sind – eine fatale Entwicklung für das mühsam aufgebaute Vertrauensverhältnis!

Die Ursachen für diese Schwierigkeiten liegen darin, dass viele Verkäufer zwar grundsätzlich wissen, dass sie fragen müssen – den Sinn dieser Technik jedoch nicht begriffen haben. So sieht sich der Kunde einem sinnentleerten Fragenstakkato ausgesetzt, das ihn möglicherweise in die Enge drängt, für ungeduldig macht und manchmal sogar dazu führt, dass er mit seinen Informationen vorsichtig wird, da er das Ziel des Interviews nicht nachvollziehen kann. Diese mangelnde Transparenz sorgt dann letztendlich immer wieder dafür, dass ein Abschluss nicht zustande kommt – ein vermeidbarer Fehler. Um diesem Dilemma gar nicht erst zu erliegen, auch wenn man vielleicht kein begnadeter Fragensteller ist, sollte man immer wieder von der Rolle des Fragenden in die Rolle des Informierenden schlüpfen – im virtuosen Wechsel, versteht sich. Zeigt der Kunde dann die Bereitschaft zu weiteren Auskünften, knüpft man ganz einfach wieder an die vorherigen Fragen an. Der Kunde wird die Gesprächsatmosphäre sofort als angenehm natürlich und ausgewogen empfinden, auch wenn er unterm Strich deutlich mehr redet – und das ist auch gut so.

Erfahrung darf nicht überheblich machen

Sollten Sie auch zu jenen Verkäufern gehören, die schon jeden Trend mitgemacht haben und genau wissen, wie es geht – und dennoch spüren, dass Ihnen dieser gewisse Funke verloren gegangen ist, könnte es daran liegen, dass Sie unmerklich überheblich geworden sind. Zugegeben: Die Versuchung ist groß! Sie sind den anderen weit voraus, kennen alle Tricks und Wege zum Erfolg und sind brillant darin, Kundenwünsche und -typen einzuschätzen. Damit müssten Sie eigentlich ganz oben auf der Erfolgsleiter stehen. Doch die Realität belehrt Sie eines Besseren: Sie spüren plötzlich, dass Sie nicht mehr ankommen, obwohl Sie doch sonst immer mit Ihrer Erfahrung trumpfen konnten.

In diesem Fall ein Tipp: Unterziehen Sie sich einer kritischen Selbstprüfung! Überschätzen Sie sich manchmal? Machen Sie sich auch im Gespräch groß? Die Folge ist, dass Ihr Gegenüber sich dadurch kleiner fühlt. Vielleicht hat auch Ihre Körpersprache, Gestik und Mimik in den letzten Jahren ungewollt etwas Großspuriges bekommen, und niemand hat Sie bislang darauf hingewiesen. Meist bemerkt man solche Veränderungen an sich selbst nicht. Auch der Umgang mit den Produkten könnte nachlässig geworden sein, Ihr Gang möglicherweise zu siegessicher oder cool.

Im Zweifelsfall gibt es bei diesem Verdacht nur eine einzige Möglichkeit, es herauszufinden: Lassen Sie sich bei Ihren Gesprächen oder Außendienstbesuchen von einem professionellen Trainer begleiten und coachen – es lohnt sich. Denn ein ausgemerztes Fehlverhalten macht sich schon nach kürzester Zeit in den Umsatzzahlen bemerkbar!

Das innere Feuer ist da, doch der Wille fehlt

Während ich Verkäufer beim Training-on-the-job begleite, erlebe ich es immer wieder, dass das innere Feuer der Begeisterung deutlich zu spüren ist, der Wunsch nach Vermittlung auch – doch der Mensch selbst aus irgendwelchen Gründen nicht wirklich auf „ich will“ programmiert ist. In diesem Fall ist es entscheidend, zunächst die so genannten Erfolgsverhinderer auszumachen, die für diese Blockade verantwortlich sind.

Neben typischen beruflichen Schwierigkeiten wie Leistungsdruck, Angst um den eigenen Arbeitsplatz, Konkurrenz oder Mobbing sind es hier oft Schwierigkeiten im Privatbereich, die das „ich will“ eliminieren. Gerade in einem Beruf, der sehr viel Einfühlungsvermögen und psychologisches Know-how erfordert, können private Belange zum Zünglein an der Waage werden. Ein Verkäufer in persönlichen Krisen kann nicht gut verkaufen und sollte es daher auch lassen. Sinnvoll ist es in diesem Fall, zunächst seine ganze Energie auf die Lösung der Blockade zu konzentrieren, ehe man sich wieder dem Kunden nähert. Denn das fehlende „ich will“, diese merkwürdige Gleichgültigkeit oder Unkonzentriertheit spürt der Kunde bereits in den ersten Sekunden des Gespräches, ein erfolgreicher Abschluss ist praktisch von vornherein ausgeschlossen.

Vielleicht wissen Sie ja sogar um Ihre zeitweilige Blockade und versuchen selbst, im täglichen Job dagegen anzukämpfen? Kein schlechter Ansatz, jedoch nicht ganz ungefährlich. Denn oftmals versuchen Verkäufer, ihre Blockaden durch übermäßiges Engagement auszugleichen, das dann in eine Art Übereuphorie umschlägt. Dass dieses Verhalten nicht von Erfolg gekrönt sein kann, steht außer Zweifel. Eine Ausnahme gibt es allerdings: Wer auf dem Hamburger Fischmarkt nicht marktschreierisch und ganz bewusst übereuphorisch daherkommt, verkauft keinen einzigen Aal!

Druck erdrückt die Begeisterung

Druck erzeugt immer Gegendruck – eine altbekannte Weisheit. Und dieser Gegendruck wehrt sich in den meisten Fällen. Erhalten Sie als Verkäufer zum Beispiel von Ihrem Arbeitgeber Druck, weil Sie angestrebte Umsatzzahlen noch nicht erreicht haben, ändert sich Ihre innere Einstellung zwangsweise. Nehmen wir als Zeitgrundlage einen Monat: Hat Ihre Kollegin oder Ihr Kollege nach den ersten zwei Wochen seine Verkaufszahlen für diesen Monat aufgrund sehr guter großer Abschlüsse erreicht, kann man davon ausgehen, dass er in den nächsten zwei Wochen weitere Abschlüsse tätigt. Vielleicht werden es sogar viele und große, denn er arbeitet lockerer und entspannter, wahrscheinlich begeistert und ohne Druck.

Ganz anders bei Ihnen, wenn Sie zum 25. des Monats noch nicht Ihr Soll erreicht haben. Ihnen bleiben nur noch wenige Tage bis zum Monatsende; folglich werden Sie mit wesentlich mehr Druck an die nächsten Verkaufsgespräche herangehen. Das erschwert die einzelnen Gespräche ganz erheblich und führt nicht selten zum Misserfolg.

Ein Freund von mir, der als stellvertretender Filialleiter einer Bank tätig ist, bat mich im September letzten Jahres genau zu jenem Thema um Rat: Etwa acht Tage vor Monatsende war absehbar, dass er die zu erreichenden Zahlen in diesem Monat nicht schaffen wird. Er fragte mich, wie er dieses Dilemma mental überwinden könne. Also setzten wir uns zusammen und suchten gemeinsam nach einer Lösung.

Zunächst erkundigte ich mich danach, wie das Gesamtjahr aussah. Seine Zahlen waren hier sehr gut, er lag sogar über den Vorgabezahlen, was die Zeit von Januar bis August betraf. Lediglich der September erfüllte die Anforderungen offenbar nicht.

Meine Empfehlung an ihn war einfach und wirkungsvoll: In Zukunft sollte er die strenge Monatsfokussierung einfach unterlassen, und sich auf den Gesamtschnitt konzentrieren – auch in seiner Arbeitsweise. Denn was letztendlich zählte, war das ganze Jahr. Mit der Gewissheit, auch im schlechten September über dem Gesamtjahresschnitt zu liegen, konnte er sofort locker, stressfrei (und begeistert!) das Jahr zu Ende bringen.

Am zweiten Tag des Folgemonats traf ich den Freund erneut. Er hatte seine Arbeitsweise mittlerweile umgestellt und legte den Hauptfokus nun konsequent auf das Gesamtjahr, so dass die Arbeit zum Jahresende deutlich entspannter wurde.

Fazit: Die Liebe zum Detail mag bei der Fehleranalyse hilfreich sein. Wenn es jedoch um Soll-Zahlen geht, macht es Sinn, den Gesamtzusammenhang nicht aus dem Auge zu verlieren. Denn ein kleiner Fokus kann unter Umständen erheblichen psychischen Druck erzeugen, den der Blick auf das Ganze schlagartig wieder relativiert! Und ein entspannter, nicht unter Druck stehender Verkäufer ist für den Kunden stets der angenehmere und erfolgreichere Gesprächspartner – ganz gleich, in welcher Branche er tätig ist.

Begeisterungskiller Zeit – zu spät oder zu früh kommen

Eigentlich ist es unfassbar, aber dennoch traurige Realität: Obwohl es jedem klar sein sollte, dass zu spät kommen gerade im Verkaufsgespräch eine Todsünde ist, gehört dieses Fehlverhalten immer noch zum Standard unter den Begeisterungskillern. Gerade im Außendienst ist die Verspätung weit verbreitet. Oftmals entschuldigen sich die Zuspätkommer dann mit vollen Autobahnen, Staus oder schlechter Beschilderung – meiner Meinung nach alles faule Ausreden. Denn ein professioneller Verkäufer berücksichtigt mögliche Verzögerungen in seiner Routenplanung und schafft es so, bis auf wenige Ausnahmen immer pünktlich, das bedeutet zum vereinbarten Termin, beim Kunden anzukommen.

Ist es jedoch abzusehen, dass er sich tatsächlich verspätet, muss sofort beim Kunden angerufen werden, jedoch mindestens 15 Minuten vor dem Gesprächstermin. Somit geben Sie auch ihm die Chance, in der verbleibenden Zeit noch etwas anderes zu erledigen. Erfolgt dieser Anruf nicht, weil Sie sich vielleicht nur um etwa fünf Minuten verspäten, haben Sie schlechte Karten im anschließenden Gespräch: Denn dem Kunden ist voll und ganz bewusst, dass Sie etwas von ihm wollen – also müssen Sie sich ganz besonders an die vereinbarten Regeln (und ein Termin ist eine Regel!) halten. Tun Sie dies nicht, schätzt er Sie automatisch als unzuverlässig ein, und das ist keine gute Basis für gemeinsame Geschäfte.

Es gibt unendlich viele psychologische Studien über chronische Zuspätkommer, da man hinter diesem Verhalten schon immer mehr vermutet hat, als die reine Missachtung der Uhrzeit. In einem Punkt sind sich die meisten Untersuchungen dabei einig: Wer zu spät kommt, übt Macht aus – bewusst oder unbewusst. Und Machtmenschen, das ist allgemein bekannt, gehören nicht zu den Sympathieträgern der Gesellschaft.

Sollten Sie also wieder einmal Gefahr laufen, sich bei einem Termin zu verspäten, denken Sie doch einfach einmal darüber nach, wie dieses Verhalten beim Kunden ankommen mag. Ich bin mir ganz sicher, dass Sie sich eine andere Basis für das anstehende Gespräch wünschen.

Übrigens sind es nicht nur die Zuspätkommer, die Kunden verärgern, sondern auch die Verkäufer, die gern ein wenig früher am vereinbarten Treffpunkt erscheinen. Eine Unsitte, die zwar nicht so weit verbreitet ist, wie das Verspäten, die sich jedoch ebenfalls negativ auf die Gesprächsatmosphäre auswirken kann. Denn wer zu früh kommt, raubt dem Kunden Zeit oder setzt ihn kurzfristig unter Stress. Nur wenige Gesprächspartner besitzen die Souveränität, den Verkäufer schlicht noch einmal weg zu schicken – und kommen dadurch unter Umständen in persönliche Bedrängnis.

Mein Tipp: Wenn Sie bereits absehen können, dass Sie Ihr Ziel schneller erreichen als gedacht, suchen Sie sich rechtzeitig einen Parkplatz und nutzen Sie auch diese gewonnene Zeit, um noch einmal Ihre Unterlagen für das bevorstehende Gespräch durchzugehen.

Piranha Point
Als guter und den Kunden wertschätzender Verkäufer sind Sie immer pünktlich. Sollten Sie einen Termin nicht einhalten können, rufen Sie rechtzeitig *vorher* an! Zu spät kommen ist nicht eine Frage des Ankommens, sondern des Abfahrens.

Der alte Einkäufer-Trick

Sind Sie dann pünktlich bei dem Gesprächspartner angekommen, kann Ihnen auch noch das so genannte „Weichkochen“ passieren, das Sie wahrscheinlich auch schon einmal am eigenen Leib gespürt haben. Ich vermute sogar, dass diese Erfahrung vor keinem Außendienstmitarbeiter halt macht.

Mit Weichkochen bezeichne ich das Kundenverhalten, das dazu dient, die Position des Verkäufers zu schwächen. Dadurch gerät der Verkäufer natürlich unter Druck, den er aushalten muss, auch wenn es noch so schwer sein mag.

Die Methode ist einfach und äußerst wirkungsvoll: Da lässt man den Verkäufer eben einmal etwas länger warten, bis man ihm die Möglichkeit für das Verkaufsgespräch einräumt. Die Taktik stresst jeden Verkäufer enorm – hat er doch meist im unmittelbaren Anschluss den nächsten Termin. Also muss er das Verkaufsgespräch schneller führen und stärker zentrieren, was dem Kunden natürlich wieder die Möglichkeit gibt, sofort auf den Preis zu kommen und damit neuen Druck zu erzeugen.

Das Resultat ist vorhersehbar: Der Verkäufer fühlt sich unter Druck gesetzt, der Kunde kann die Verhandlungen von seiner Position her diktieren.

Das Ganze kann noch verstärkt werden, wenn in der Verhandlung mehrere potenzielle Käufer sitzen. Ich erinnere mich da an eine Situation, als ich bei einem Pharmaunternehmen eine Präsentation machte und mit drei Verhandlungspartnern Gespräche führen musste: mit einem Bereichsverantwortlichen, einem Marketingfachmann und einer Person von der Personalabteilung. Wer den Druck, der sich in einer solchen Umgebung unweigerlich einstellt, als Herausforderung begreifen kann, die Tricks seiner Kunden lässig durchschaut und sich voller Vorfreude an die Verhandlungen macht, hat eine reelle Chance – die anderen nicht.

Piranha Point

Nutzen Sie Wartezeiten sinnvoll, gehen Sie die Präsentation noch einmal Schritt für Schritt durch. Vielleicht öffnet sich auch die Tür des Verhandlungszimmers währenddessen. Werfen Sie einen Blick hinein (Trauen Sie sich!), es kann Ihnen Informationen liefern über eventuelle Sitzpositionen, Lichtverhältnisse und Raumausstattung, die durchaus Aufschluss über den Verhandlungspartner geben. Sollte das Warten jedoch zu lange andauern, zeigen Sie als Verkäufer Stärke und bitten Sie konsequent um einen neuen Termin. Denn auch Sie haben keine Zeit zu verschenken. Der nächste Kunde will auch noch bei Ihnen kaufen!

Bei Misserfolg trotzdem Begeisterung zeigen!

Kennen Sie das? Da haben Sie sich stundenlang mit einem potenziellen Käufer beschäftigt, ihm Angebote und Alternativen unterbreitet, ihn vielleicht sogar ein zweites und drittes Mal besucht – und er winkt am Ende des Gespräches ab. Es ist nur zu verständlich, dass Sie den Kunden in dieser Situation am liebsten wütend stehen lassen würden – was allerdings eher kontraproduktiv wäre. Selbst wenn Sie es nicht geschafft haben, einen Abschluss zu tätigen, sollten Sie bitte nicht den Beleidigten spielen. Bleiben Sie am Ball und gestalten *Sie* aktiv den Ausklang des Verkaufsgespräches. Wichtig ist es nun, eine Brücke für das nächste Gespräch zu bauen. Denn immerhin ist es ja möglich, dass der Kunde, nachdem er sich anderweitig umgeschaut hat, wieder zu Ihnen zurück kommt. Das tut er aber garantiert nur dann, wenn Sie ihm signalisieren, wie willkommen er jederzeit bei Ihnen ist!

Last but not least – Erfolgsgeheimnis Lachen

„Lachen ist gesund!“ Diesen Spruch kennen wir wahrscheinlich alle seit der Kindheit. Warum Lachen so gut für uns ist, wissen die meisten von uns jedoch nicht so genau. Und wieso das Lachen ein Verkaufsgespräch positiv beeinflussen kann, ahnen viele Verkäufer vielleicht oder können es allgemein umschreiben, konkret benennen können sie es meist nicht. Dabei ist der Funke der Begeisterung, der durch ein herzhaftes Lachen ausgelöst wird, nicht zu unterschätzen!

Beim Lachen aktiviert der Mensch gleichzeitig etwa 80 Muskeln. Der Blutzuckerspiegel sinkt, das animierte Zwerchfell massiert Leber und Galle, sowie den gesamten Magen-Darm-Trakt und die körpereigene Produktion von Endorphinen (auch als Glückshormone bekannt) steigt. Auch Puls und Kreislauf erhalten neuen Schwung, was zu einer besseren allgemeinen Durchblutung führt.

Diese kurzfristigen physiologischen Veränderungen bewirken, dass sich der gesamte Körper nach dem Lachvorgang angenehm entspannt und wir uns rundum wohl fühlen. Eine ideale Voraussetzung für eine positive Verkaufsatmosphäre, finden Sie nicht auch?

Wer lacht, kommt sympathisch an – und wer andere zum Lachen bringt, auch. Was nicht heißen soll, dass Sie die Kunden mit Witzen bombardieren oder Ihren Humor ins Gespräch einstreuen, wann immer es geht! Auch auswendig gelernte Episoden oder krampfhaft komische Randbemerkungen bringen Sie nicht weiter und führen eher zu einem gequälten Lächeln des Gegenübers. Eine fröhliche Bemerkung jedoch und ein verbindliches Lächeln bringen positive Impulse in das Verkaufsgespräch. Ein holländischer Geschäftsmann gab mir am Anfang meiner Karriere mit auf den Weg: „Wenn Sie in unserem Land ein Geschäft machen wollen, müssen Sie mindestens einmal herzlich mit dem Kunden gelacht haben. Und er wird sich immer wieder an Sie erinnern." Und genau das habe ich seitdem auch in meine Verkaufsgespräche eingebunden.

Piranha Point

Versuchen Sie es einmal mit einem ganz einfachen Trick, um innerhalb kürzester Zeit Ihre Laune merklich anzuheben: Halten Sie einen Bleistift mit den Zähnen fest, ohne diesen mit Ihren Lippen zu berühren. Auf diese Weise wird Ihre Gesichtsmuskulatur auf ganz ähnliche Weise beansprucht wie beim Lächeln oder Lachen. Zugleich haben wissenschaftliche Untersuchungen ergeben, dass bei dieser Übung im Gehirn Hormone ausgeschüttet werden, die nachweislich die Laune verbessern.

Vom Verkäufer zum Kunden – das Sender-Empfänger-Modell

Wahrscheinlich ist es jedem von uns im Laufe der Schulzeit einmal über den Weg gelaufen: das Sender-Empfänger-Modell, das darstellt, wie eine Nachricht von A nach B kommt und wie sie dort aufgenommen wird. Vielleicht erinnern Sie sich auch noch daran, dass dabei über die jeweiligen Voraussetzungen von Sender und Empfänger gesprochen wurde – ob sie sich zumindest theoretisch verstehen können (und damit die Nachricht ankommt), oder ob sie sich möglicherweise auf einem unterschiedlichen Level bewegen, was dazu führt, dass eine Nachricht nicht ankommt.

So banal dies dem ersten Anschein nach klingen mag: Für ein erfolgreiches Verkaufsgespräch ist eine harmonische Sender-Empfängerbeziehung entscheidend. Die besondere Fähigkeit des Verkäufers muss es also sein, sich auf den Empfänger, also den Kunden, einzustellen – ansonsten braucht er das Gespräch gar nicht zu eröffnen! Der Kunde jedenfalls wird es nicht tun; er erwartet dies ausschließlich vom Verkäufer, auch wenn viele Verkäufer diese so wichtige Weichenstellung für das Geschäft immer noch nicht erkannt oder verstanden haben.

Piranha Point

Sprechen Sie die Sprache des Kunden! Denn wenn Sie einen Übersetzer benötigen, ist der Kunde weg.

Ein Beispiel macht klar, warum bereits diese Sprachebene so wichtig ist: Angenommen, ein technisch orientierter Verkäufer von Computern und Zubehör, der selbst aus der Fertigung kommt, trifft auf einen Gesprächspartner, der aufgrund seiner Vorbildung hier nicht mithalten kann. Zunächst bemerkt der Verkäufer diese Diskrepanz vielleicht nicht; der Gesprächspartner erscheint ihm etwas zurückhaltend, jedoch interessiert. Da der Verkäufer keine Zeit mit „unwichtigem“ Geplänkel verlieren möchte, steigt er sofort in das Fachthema zum Produkt ein und zieht sein brillantes technisches Repertoire durch. Seine Produktpräsentation fällt entsprechend anspruchsvoll und detailliert aus.

Der Käufer reagiert zunächst nicht. Eingeschüchtert vom technischen Redeschwall seines Gegenübers schweigt er vor sich hin – in Gedanken längst woanders. Selbst wenn er es gedanklich noch gar nicht erwogen hat, ist zu diesem frühen Zeitpunkt bereits eines klar: Bei diesem Verkäufer wird der Gesprächspartner nichts kaufen!

Schuld daran ist ausschließlich der Verkäufer: In seiner fachlichen Verblendung und einem künstlich erzeugten Zeitdruck hat er einfach nicht erkannt, dass er die Sprache des Kunden nicht trifft. Der Kunde wiederum reagiert in den meisten Fällen mit dem einzigen Machtmittel, das er dieser Fachkompetenz entgegensetzen kann: Er erkennt sie nicht an und drückt seine Missbilligung dadurch aus, indem der Kauf nicht zustande kommt.

Natürlich gibt es auch das andere Phänomen: Hier ist ein sehr technisch orientierter Einkäufer, der auf einen Verkäufer trifft, dessen Schwerpunkte an anderer Stelle liegen. Auch das kann zu Kollisionen führen! Allerdings schätze ich aus meiner langjährigen Erfahrung heraus dieses Konstrukt als weniger gravierend ein. Denn ein technisch orientierter Gesprächspartner verfügt wie alle Menschen auch über eine emotionale Ebene, die man dann besonders stark reizen und stimulieren muss. So schafft es ein erfolgreicher Verkäufer, das Gespräch auf einer weniger technischen Ebene zu führen und dem Gesprächspartner dennoch das Gefühl zu vermitteln, kompetent und gut beraten worden zu sein!

Sachinfo oder Beziehungsebene?

Eine der Hauptfehlerquellen – und damit Begeisterungskiller Nr. 1 – im Verkaufsgespräch ist die falsche Gewichtung zwischen der reinen Nachrichtenübermittlung und der persönlichen Beziehung. Genau hier gilt die bereits erwähnte 80/20-Regelung: Bringen Sie im Verkaufsgespräch nie mehr als 20 Prozent Sachinformation; das reicht! Gemeint sind damit Zahlen, Daten, Fakten und technische Details, die für die Kaufentscheidung an sich nicht von allzu großer Bedeutung sind.

Weitaus wichtiger ist demgegenüber die Beziehungsebene, also die Art und Weise, wie Sie sich präsentieren. Dabei wird es Ihnen sicher des öfteren passieren, dass der Kunde immer wieder versucht, auf die Sachebene zu lenken, da er hier am wenigsten „angreifbar" ist. Das tut er ganz automatisch, auch wenn er eigentlich das Grundbedürfnis nach Harmonie, also einer harmonischen Beziehung, in sich verspürt. Denn der Kunde erwartet vom Verkäufer nicht nur eine Ware oder Dienstleistung, sondern auch ein Großteil an Beziehung: Aufmerksamkeit, Verständnis, Zuwendung und Betreuung.

Dass dieses systematische Steuern der Kommunikation hin zur Beziehungsebene nicht immer ganz einfach ist, liegt auf der Hand. Gerade Personen, die ihr gesamtes Denken und Handeln vorzugsweise auf der Sachebene stattfinden lassen, haben hier besonders viel nachzuarbeiten. Ganz typisch ist dies für Fachverkäufer, die ursprünglich aus technischen Berufen kommen, was häufig der Fall ist. Sie verstecken sich oftmals hinter ihrem technischen Wissen und zeigen nur mäßige Bereitschaft, auch die Beziehungsebene in Verkaufsgesprächen zuzulassen. Geraten diese Verkäufer an einen Facheinkäufer, also einen Menschen, der ähnlich vorgebildet ist wie sie selbst, kann daraus ein fruchtbares Verkaufsgespräch werden. Ich habe es jedoch auch schon erlebt, dass die Gesprächspartner in diesem Fall in einen heftigen Konkurrenzkampf eintreten, um sich gegenseitig ihre Fachkompetenz zu beweisen.

Steht ein derart technisch orientierter Fachverkäufer jedoch vor einem Laien, der neben der Fachberatung vor allem auch persönlich betreut werden möchte (und das kommt in der Realität häufiger vor!), ist das Scheitern vorprogrammiert.

Auch neigt man aufgrund bestimmter Erfahrungswerte gern dazu, gewisse Typen von Menschen schnell zu klassifizieren und in Schubladen zu stecken. Darin verbirgt sich ein großes Risiko: Denn nicht immer geben Kleidung oder äußere Merkmale, Sprache oder Dialekt eins zu eins wieder, welcher Mensch sich dahinter verbirgt. Auch ein Schwätzer kann Fremdworte benutzen und ein Fachmann vermeintlich dumme Fragen stellen ...

Nun ist es sicherlich nicht immer ganz eindeutig zu entscheiden, auf welcher Ebene ein Käufer ins Gespräch einsteigt. Deshalb mein Tipp: Lassen Sie zu Anfang des Gesprächs immer erst den Kunden reden. Dann können Sie sich in aller Ruhe ein Bild davon machen, ob der Gesprächspartner die Sachebene oder eher die emotionale Ebene wählt.

Selbstoffenbarung im Verkaufsgespräch

Es ist ein ganz natürliches Schutzverhalten: Der Kunde wird sich im Verkaufsgespräch zunächst darum bemühen, so wenig von sich selbst zu offenbaren, wie irgend möglich. Auf der anderen Seite möchten Sie als Verkäufer selbstverständlich so viel von ihm erfahren, wie es geht. Das Resultat ist ein vorsichtiges gegenseitiges Abtasten, das letztendlich dadurch entschieden wird, wie Sie auf der Beziehungsebene miteinander harmonieren.

Was die Selbstoffenbarung entscheidend prägt, ist die Tagesform – und zwar sowohl beim Verkäufer als auch beim Kunden. Beide bringen positive oder negative Gefühle, gute oder schlechte Laune mit in die Verhandlungen ein. Hatte der Verkäufer beispielsweise zuvor einen Konflikt mit Vorgesetzten, wird er sich schlechter konzentrieren können und vielleicht sogar aus versteckter Rache sein Engagement herunterfahren. Der Käufer wiederum hat vielleicht schon schlechte Erfahrungen gemacht und wartet nun vorsichtig darauf, was in diesem Gespräch auf ihn zukommt.

Meist erkennt man gewisse mentale Voraussetzungen bereits an der Körpersprache: Ein tendenziell aufgebrachter und misstrauischer Kunde steht aufrecht und wachsam, gern mit vor dem Körper verschränkten Armen. In diesem Fall gilt es, zunächst einmal die sichtbare Spannung durch vertrauensbildende Nachfragen oder Informationen zu lösen, ehe eine Verkaufsverhandlung überhaupt Sinn macht.

Verkäufer hingegen sollten ihre eigene Körpersprache stets kritisch beäugen: Verschränken Sie als Verkäufer die Arme vor dem Körper, interpretieren Kunden dies womöglich als Ablehnung, ein unbedachtes Kratzen am Kopf könnte als Ahnungslosigkeit gedeutet werden.

So richtig interessant wird es mit der Selbstoffenbarung beim Preis: Aus Kundensicht möchte man hier möglichst distanziert und sachlich verhandeln, als Verkäufer zielen Sie auf die Emotionen. Hat der Käufer bis zu diesem Zeitpunkt wenig von sich preisgegeben und die Distanz erfolgreich gewahrt, dürften Sie in Sachen ‚erfolgreicher Abschluss' schlechte Karten haben. Waren Sie jedoch in der Lage, mehr über ihn persönlich zu erfahren und sind in eine positive Beziehung mit ihm getreten, steht Ihrem Verkaufserfolg eigentlich nichts mehr im Weg.

Verkaufen als Schauspiel

Was den Grad der Selbstoffenbarung ein wenig verfälscht, ist die Tatsache, dass die meisten Verkäufer im Verkaufsgespräch eine Rolle spielen. Diese Rolle ist antrainiert und meist nicht deckungsgleich mit der Persönlichkeit – was ich bedauere. Denn die Fähigkeit zur Selbstoffenbarung ist wichtig für erfolgreiches Verkaufen. Sie hängt sehr stark mit der Identifikation mit dem Beruf zusammen, was sich wiederum in Authentizität ausdrückt. Lebt ein Mensch für den Verkauf und denkt und handelt auch so, kommt das Ganze wesentlich echter beim Kunden an. Allerdings ist im Verkaufsgespräch oft auch eine gewisse Form der Nervosität vorhanden, die die Authentizität hemmt. Die Folge ist absurd, aber durchaus üblich: Um die Nervosität zu überspielen, schlüpft der Verkäufer in eine weitere Rolle – und das ganze Spiel beginnt von Neuem.

Authentizität versus Rivalität

In einer Gesellschaft, in der gerade berufliche Rivalität als gesellschaftliche Basis für Erfolg und Leistung gilt, ist es natürlich schwierig, im Rahmen der Selbstoffenbarung Authentizität zu erreichen. Besonders deutlich wird dieses Thema, wenn man sich zum Beispiel den Außendienst einer Versicherung näher anschaut: Auf der einen Seite gibt es hier das Team der Verkäufer. Sie alle sollen am gleichen Strang ziehen und so das Unternehmen in der Öffentlichkeit optimal repräsentieren. Damit keine internen Irritationen entstehen, schickt der Arbeitgeber seine Verkäufer regelmäßig zusammen zu Wochenend-Workshops, in denen – in aller Offenheit, versteht sich – mögliche Konflikte, Unsicherheiten, Ängste, persönliche Themen und so weiter gemeinsam geklärt werden sollen. Wer hier sein Herz ausschüttet, unterzieht sich folglich einem hohen Grad der Selbstoffenbarung.

In der Realität steht jeder einzelne Mitarbeiter dieses Teams jedoch unter immensem Konkurrenzdruck – und zwar untereinander. Damit erleben sie alle ein nicht zu lösendes Dilemma: Einerseits wird von Ihnen Offenheit verlangt und die Bereitschaft, eigene Fehler und Schwächen zu zeigen, andererseits wären sie geradezu dumm, dies tatsächlich zu tun – schließlich muss der unmittelbare

Rivale nicht wissen, wo die eigenen Schwachstellen liegen. Denn wem es gelingt, besser als alle anderen da zu stehen, hat beruflich die besseren Karten – aller Kooperationsphilosophie zum Trotz.

So passiert es auch oft im Verkaufsgespräch, dass der Verkäufer hinter einer Fassade der Stärke und Unfehlbarkeit agiert. Das wiederum lenkt den Kunden vom eigentlichen Thema ab, da er einen Teil seiner Energie dafür verwendet, die Fassade zu durchleuchten, um den Grad der Ehrlichkeit zu ermessen.

Je eindeutiger, desto besser: der Appell

Die Appellebene einer Botschaft ist im Verkaufsgespräch von Seiten des Verkäufers der Wunsch, dem Kunden etwas zu verkaufen. Wie und wann er diese Handlungsaufforderung initiiert, hängt ganz entscheidend vom Gesprächsverlauf und seiner individuellen Vorgehensweise ab. Zur Unterstützung der Appellphase gibt es viele verschiedene Techniken und rhetorische Feinheiten, die zum Teil detailliert in Kapitel 9 vorgestellt werden. Nennen möchte ich hier jedoch einige typische Sätze, die eine Appellphase einleiten können.

Die so genannte Testabschlussfrage ist dabei ein Klassiker: Sie könnte zum Beispiel lauten „Wenn wir uns an diesem Punkt einig werden und wir die technischen Voraussetzungen in diesem Bereich schaffen, ist es für Sie dann vorstellbar, das Produkt zu kaufen?“ Möglich wäre auch „Wenn wir an diesem Punkt auf Ihre Wünsche eingehen, können Sie sich dann vorstellen, dieses Produkt zu erwerben?“ oder „Was muss denn konkret an diesem Punkt verändert werden, damit es für Sie vorstellbar ist, das Produkt zu kaufen?“. Die Testabschlussfrage leitet im Prinzip den tatsächlichen Abschluss ein, indem sie noch eventuell bestehende Einwände des Kunden ausräumt oder der Verkäufer sich vergewissert, ob der Kunde wirklich das Produkt erwerben will. Ist dies der Fall, kann der Verkäufer sofort in die Appellphase übergehen.

Der Appell an sich ist einfach und klar, funktioniert jedoch nur, wenn die vorherigen Schritte erfolgreich absolviert wurden. Mit Formulierungen wie „Dann ist es von Vorteil wenn wir diese Vereinbarung festhalten ...“ (Vertragsabschluss), „Damit Sie die Vorteile des Produktes XY sofort nutzen können ...“ (Sofortkauf), oder „Wenn Sie sich heute dafür entschließen, ist es möglich, dass ...“ leiten begeisterte Verkäufer den tatsächlichen Abschluss erfolgreich ein.

Auch Kunden appellieren!

Doch nicht nur der Verkäufer, sondern auch der Kunde bewegt sich im Verkaufsgespräch immer wieder auf der Appellebene. Einerseits verhandelt er natürlich sachlich und erfragt Zahlen, Daten und Fakten. Andererseits kommt es oft vor, dass er Marktfreunde ins Gespräch bringt und deren Angebote herausstellt. Der Appell, der beim Verkäufer ankommt, ist eindeutig: „Sei besser/günstiger/freundlicher etc. als der andere, dann kommen wir ins Geschäft“. Es liegt nun am Verkäufer, ob er diesem unmissverständlichen Appell auf der Sachebene auslaufen lässt, auf der Beziehungsebene diskutiert oder auf der Selbstoffenbarungsebene zustimmend oder ablehnend reagiert.

Kommt der Kundenappell gar auf der Beziehungsebene an, vielleicht mit den Worten „Ach lieber Verkäufer, jetzt kennen wir uns doch schon so lange, geben Sie sich doch einen Ruck – besteht nicht die Möglichkeit, doch noch etwas zu machen im Preis?“ oder „Jetzt geben Sie sich doch einen Ruck und liefern Sie uns die Ware frachtfrei“, wird es für den Verkäufer schwierig. Denn reagiert er auch auf der Beziehungsebene, kommt dies im Fall einer negativen Antwort einer persönlichen Ablehnung des Käufers gleich, was er in jedem Fall verhindern muss. Argumentiert er sachlich, könnte es ihm passieren, dass der potenzielle Käufer genervt abwinkt, da er ja schon einen Schritt weiter, nämlich beim Preis war.

Trainieren Sie, den Kunden zu entlarven!

Eine andere Variante im Kundenverhalten ist erst auf den zweiten Blick zu entlarven: Der Kunde erbittet sich dabei mitten in der Verkaufsabschlussphase noch einmal eine Bedenkzeit, indem er das Geschäft verlässt oder den Verkäufer warten lässt. Dieser wird dadurch unter Umständen stark verunsichert und kann ihn (durchaus gewollt!) in der aktuell laufenden Verhandlung dazu bewegen, Nachlässe in irgendeiner Form zu gewähren – nur um das Verkaufsgespräch nicht zu verschieben oder zu vertagen.

Echte Verkaufsprofis reagieren hier allerdings souverän und vermitteln so wieder die Begeisterung für Ihren Beruf, die Ihnen diese Sicherheit verleiht: Sie wechseln den Appell ganz einfach, indem sie ihn zurückgeben. Formulierungen frei nach dem Motto „Was, lieber Kunde, ist morgen oder in den nächsten Tagen anders als heute?“ oder „Herr Kunde, was hält Sie davon ab, das Geschäft jetzt zu tätigen?“ sind geschickte Wege, um wieder auf anderer Ebene ins Gespräch zu kommen. Wenn Sie als Verkäufer dann noch auf eine finale Diktion und eine selbstbewusste Körpersprache achten, haben Sie die Asse wieder in der Hand.

Die Schwierigkeit im Umgang mit den verschiedenen Varianten von Kundenappellen im Verkaufsgespräch liegt in der Situation an sich: Denn um möglichst mit einem Schnäppchen nach Hause zu gehen, taktiert der Kunde heutzutage mindestens so viel, wie der Verkäufer! Gerade auf der Appellebene sind viele Argumente vorgeschoben, die den Verkäufer verunsichern und dazu bewegen sollen, Rabatte oder Sonderleistungen zu gewähren. Es erfordert viel Erfahrung und Feingefühl des Verkäufers, um den jeweiligen Appell des Kunden richtig zu hören, zu bewerten und entsprechend zu reagieren.

Und was, wenn der Appell nicht zu erfüllen ist?

Sicherlich kennen Sie die Situation: Sie befinden sich in einem Verkaufsgespräch, haben vielleicht sogar erkannt, dass der Kunde offenbar nicht die richtige Zielgruppe für Ihr Angebot ist und bemerken nun, dass sich der verhinderte Käufer zum Abschluss der Verhandlungen umständlich auf einen Appell vorbereitet. Da Sie über eine gewisse Erfahrung verfügen, bemerken Sie sofort, worauf der Kunde hinaus will. Leider ist es Ihnen aus welchen Gründen auch immer völlig unmöglich, den Appell des Kunden umzusetzen. Und wie gehen Sie damit um?

Es macht in diesem Fall wenig Sinn, sachlich dagegen zu argumentieren. Der bessere Weg führt über die Beziehungsebene. Versuchen Sie gemeinsam mit dem Kunden Lösungsmöglichkeiten zu erarbeiten. Und vor allem: Nehmen Sie ihn dazu mit ins Boot. Selbst wenn er in diesem Fall eine negative Kaufentscheidung trifft, hat er mit Ihnen als Verkäufer eine positive Erfahrung gemacht – und das ist langfristig viel mehr wert!

Immer dann, wenn der Kunde einen Appell formuliert, der Ihnen als Verkäufer seltsam vorkommt, sollten Sie zunächst behutsam nachhaken. Denn dies kann natürlich auch die Bitte um Hilfe sein. Genau dies herauszufiltern erfordert vom Verkäufer eine hohe Auffassungsgabe und Wahrnehmungskraft, zumal in diesem Fall vom Kunden gern auch so genannte Vorwände gebracht werden.

Mit Begeisterung
Vorwand und Einwand erkennen

Es ist wohl eine der spannendsten Herausforderungen, im Verkaufsgespräch zu erkennen, ob ein potenzieller Käufer in der entscheidenden Gesprächsphase einen Vorwand oder einen Einwand einbringt. Ein Vorwand ist ein vorgeschobenes Argument, eine nicht ganz ehrliche Absage oder einfach eine Ausrede – sei es aus

Angst oder aus Gründen des Nicht-Wollens. Ein Einwand ist tendenziell echt und begründet und spiegelt eine tatsächliche Frage, Sorge oder Ablehnung des Kunden wider.

Gerade auf der Kommunikationsebene der Selbstoffenbarung hagelt es im Verkaufsgespräch Vorwände der Kunden – mit ganz verschiedenen Zielsetzungen. Da gibt es beispielsweise die Spezialisten, die dem Verkäufer zunächst einfach nicht verraten wollen, wie gut sie bereits über die technischen Details eines Produktes informiert sind. Beantwortet er ihre vorgeschobenen Fragen zur Zufriedenheit, verläuft das Gespräch wahrscheinlich gut – zeigt er jedoch irgendwelche Schwächen, lassen diese Kunden ihn schnell ins offene Messer laufen.

Nicht zu vergessen ist auch hier die Angst des Käufers, falsche Produkte einzukaufen. Eine Fehlentscheidung hat finanzielle Folgen – ergo baut man prophylaktisch eine Schutzmauer aus Vorwänden. Der Käufer hat es wirklich nicht immer leicht – auch wenn das vielleicht im Zeitalter von Sonder-Rabatten ohne Ende so scheinen mag. Wenn ich heute bei meinen Trainings Rollenspiele durchführe und frage, wer möchte Kunde und wer möchte Verkäufer sein, denken natürlich viele, sie haben es auf der Einkäuferseite wesentlich leichter. Doch in der Ausarbeitung der Rollenspiele merken sie dann sehr schnell, dass der Kunde im Rollenspiel auch einiges zu bewältigen hat: Er muss für sich Bewertungskriterien entwickeln, genau so schnell auf den Verkäufer reagieren, wie er es auf ihn tut und ebenfalls eine Taktik verfolgen. Und das ist eine gute Übung: Versetzen Sie sich einfach einmal in die Rolle der Kunden – Sie werden merken, dass dies gar nicht so einfach ist!

Piranha Point

Besuchen Sie als Verkäufer mindestens einmal im Jahr ein Einkäuferseminar, um so auch einmal die andere Seite kennen zu lernen! Strategisch gesehen ist es besser, immer beide Seiten der Verhandlungen zu kennen.

Stehen, sitzen oder zappeln – Körpersprache im Verkaufsgespräch

Körpersprache ist ein Thema, das nicht umsonst zahlreiche Bücher füllt, denn es ist sehr wichtig. Ganz gleich, in welcher Situation wir Menschen uns befinden, ob wir in Gruppen oder allein auftreten, ob wir reden oder schweigen – stets spricht der Körper eine eigene, sehr wahrhaftige Sprache. Im Gegensatz zur gesprochenen Sprache sind die Ausdrucksformen des Körpers authentischer und weitaus schwieriger zu manipulieren, so dass vielleicht eine scheinbar selbstbewusste Rede nicht als solche wahrgenommen wird, wenn der Redner in sich zusammengekauert und ohne ausladende Gestik spricht.

Auch im Verkaufsgespräch kommt der Körpersprache eine wichtige Funktion zu – unabhängig davon, ob es um Face-to-Face-Geschäfte oder Telefonverkauf geht. Selbstverständlich kann dieses umfangreiche Thema hier nur angerissen werden, um Inspiration und Impulse zu geben; in seiner Gesamtheit würde es ganze Bände füllen. Als Anregung möchte ich daher auf die Veröffentlichungen renommierter Körpersprache-Trainer verweisen und hier nur einige, besonders prägnante Situationen herausgreifen.

Was genau fällt eigentlich alles in den Bereich der Körpersprache? Im Prinzip geht es dabei um all jene Dinge im Rahmen der Kommunikation, die man nicht hören, aber wahrnehmen kann: einen Händedruck zum Beispiel, Gerüche, Gestik und Mimik, Haltung und Gang. Es geht los bei feuchten oder kalten Händen bei der Begrüßung und endet beim verbindlichen Lächeln oder Schulterklopfen bei der Verabschiedung. Am Fallbeispiel Außendienst möchte ich einzelne Situationen vorstellen und zeigen, wie erfolgreiche Verkäufer, also Piranha Seller, in den dargestellten Fällen handeln.

Das erste Signal: die Begrüßung

Stellen Sie sich einmal vor, Sie sind als Außendienstmitarbeiter für Ihr Unternehmen unterwegs und besuchen einen Kunden. Schon die Begrüßungszeremonie spricht – einmal abgesehen von höflich ausgetauschten Floskeln – eine deutliche Sprache. Soll das Gespräch beispielsweise in einem Besprechungsraum stattfinden, gibt es zwei Möglichkeiten: Entweder der Kunde holt Sie am Empfang ab, begrüßt Sie also stehend und unmittelbar, oder Sie werden von der Sekretärin in den Besprechungsraum geführt, in dem der Kunde erfahrungsgemäß noch nicht sitzt. In diesem Moment müssen Sie sich entscheiden, wie Sie die Wartezeit verbringen: stehend oder sitzend? Viele Verkäufer machen bereits hier einen ersten Fehler, indem sie sich einen Platz suchen und ihr Material vor sich drapieren. Die Begrüßung fällt dann, wenn der Kunde den Raum betritt, entsprechend unruhig aus: Der Verkäufer muss sich möglichst schnell erheben, um Face-to-Face vor dem Käufer zu stehen, schafft es jedoch oft nicht rechtzeitig, so dass er in einer ungeschickten Hock-Haltung die Hand schüttelt und dabei zum Kunden aufblicken muss. Eine denkbar schlechte und unausgewogene Ausgangssituation für ein Verkaufsgespräch.

Piranha Seller gehen anders vor, um die Begrüßungssituation und das anschließende Verkaufsgespräch optimal vorzubereiten: Sie warten stehend auf den Kunden, bevor sie einen Platz einnehmen. So können sie zum einen eine unkomplizierte, offene Begrüßung vornehmen, und zum anderen den möglicherweise bevorzugten festen Platz des Kunden berücksichtigen, damit dieser sich rundum wohlfühlt. Hat der Kunde keine derartige Präferenz, wird er dem Verkäufer einen Platz zuweisen, der ihm genehm ist. Wie auch immer die Situation sich entwickelt – entscheidend ist: Auf diesem Weg ist eine offene, lockere Begrüßung möglich, gleichzeitig geht man optimal auf das Gegenüber ein.

Sitzen oder sitzen gelassen?

Die Sitzposition selbst spricht im Verkaufsgespräch meist Bände. Im Idealfall sitzen Käufer und Verkäufer natürlich gemeinsam an einem Tisch, einander offen zugewandt und bereit für ein konstruktives Gespräch. Die Realität sieht hier jedoch oft ganz anders aus – insbesondere für Außendienstmitarbeiter!

So kommt es immer wieder vor, dass Sie im Außendienst bei dem Einkäufer förmlich „vorgeladen" werden. Das sieht dann so aus, dass der Kunde hinter seinem Schreibtisch auf einem hohen Sessel thront, während Ihr Stuhl davor in deutlich niedrigerer Position auf Sie wartet. Diese bewusste Verschiebung der Ebenen wird übrigens auch ganz gerne bei Mitarbeitergesprächen durchgeführt, um von vornherein Hierarchien festzulegen. Außerdem befindet sich der Verkäufer oder Mitarbeiter so automatisch auch in einer schlechteren Verhandlungsposition.

Wie jedoch lässt sich diese Position spontan verbessern? Eigentlich ist es ganz einfach: Hat man Ihnen einen zwar niedrigen, aber verstellbaren Bürostuhl zugewiesen, stellen Sie ihn mit einem Handgriff einfach etwas höher – fertig. Besteht diese Möglichkeit nicht, muss Ihre Körperhaltung – und damit Ihre Körpersprache – das Manko ausgleichen, indem Sie sich sehr aufrecht hinsetzen und Ihren Oberkörper so weit wie möglich strecken. Sie werden erleben, dass sich schon auf diesem Weg Ihre Verhandlungsposition deutlich verbessert!

Im Übrigen ist es natürlich selbstverständlich, dass man im Gespräch ohnehin gerade und dem Gegenüber zugewandt sitzt. Krumme Rücken, allzu bequeme Sitzpositionen, die fast schon als herumlungern zu bezeichnen sind oder ein aufgestütztes Kinn sind absolut tabu, da diese Haltungen dem Gegenüber Nachlässigkeit und geringe Wertschätzung vermitteln.

Lebendig heißt nicht hektisch oder wild

Ganz gleich, ob Sie im Verkaufsgespräch sitzen oder stehen – Hände und Arme sind auch zum Sprechen da. Denn sie eignen sich hervorragend zur Unterstützung der Sprache, indem sie das gesprochene Wort buchstäblich untermalen, tragen oder in den Raum fließen lassen. Doch auch eine gezielte Gestik muss gekonnt sein, sonst wirkt sie nicht. Wichtig ist hier, dass Sie nicht anfangen, herumzufuchteln oder im extremen Gegenteil Ihre Bewegungen unter dem Tisch verstecken. Angenehme Gesten sind beherrscht und öffnen sich dem Gegenüber; ziellos antrainierte Gesten, die weder zu Typ noch Sprache passen, verraten sich sofort durch Maßlosigkeit und falsches Timing.

Ob Sie in Ihrer Wortwahl und der damit verbundenen Körpersprache lebendig und authentisch wirken, merken Sie übrigens sofort: Springt der Funke über, geht der Gesprächspartner automatisch mit. Er sitzt oder steht also nicht regungslos vor Ihnen, sondern bringt selbst aktiv seine Körpersprache ein. Und genau das ist die Kunst zur Übermittlung von Begeisterung: indem man es schafft, den Gesprächspartner mitzureißen, so dass er sich für Sie und das Produkt euphorisch begeistert!

Ein Verkaufsgespräch ist kein Duell

Kennen Sie das? Sie erläutern Ihrem Gegenüber gerade etwas Wichtiges zu einem Produkt – und plötzlich bemerken Sie, dass er seine Hände mit ausgestreckten Zeigefingern faltet. Wie bei einem Pistolenlauf zielen seine Fingerspitzen nun direkt auf Ihre Brust. Eindeutiger könnte eine Geste wohl kaum sein: Ihr Gesprächspartner hat offenbar aus Ihren Worten etwas herausgehört, das er vehement ablehnt und zielt nun unbewusst auf Sie.

Wenn Sie diese und vergleichbare Gesten der Körpersprache verstehen, können Sie auch adäquat darauf reagieren. In diesem Fall gibt es nur eine Lösung: Entschärfen Sie seine Geste, indem Sie Ihre getroffene Aussage relativieren. Damit nehmen Sie Spannung aus dem Gespräch und erleben schließlich, wie Ihr Gesprächspartner die Hände wieder auseinander nimmt. Erst dann ist er wieder bereit, mit Ihnen ein entspanntes und interessiertes Gespräch zu führen, anstatt eine Art Duell zu absolvieren.

Piranha Point
Beobachten Sie Ihr Gegenüber stets sehr genau. Lernen Sie auch kleine Gesten zu entdecken und zu deuten. Oft hilft hier der Blick nach innen, indem Sie sich selbst fragen, wie eine Bewegung oder Geste bei Ihnen ankommt. Denn was bedrohlich wirkt, ist meist auch als Bedrohung gemeint; der unwillkürliche Schritt zurück signalisiert möglicherweise den buchstäblichen Rücktritt von einem Geschäft – und wer offen und locker vor Ihnen sitzt oder steht, ist auch bereit dazu, Ihr Angebot zu empfangen.

Sprechen Sie die gleiche Körpersprache wie Ihr Gegenüber!

Vor ein paar Monaten betreute ich einen Autoverkäufer im Training-on-the-job. Der Mann sah ausgesprochen gut und gepflegt aus – und er war sehr groß. Sein Arbeitsbereich war der Verkauf hochwertiger Sportwagen. Im Rahmen der Trainingssequenz bemerkten wir gemeinsam, dass sich viele eher klein gewachsene und gut betuchte Männer für Sportwagen interessieren. Dem Verkäufer war dieses Detail bislang noch gar nicht aufgefallen, im Nachhinein bestätigte er jedoch diese Feststellung.

Da ich der Meinung war, dass es sich hier in Anbetracht der Körpergröße des Verkäufers unter Umständen um ein wichtiges Detail handelt, das atmosphärisch und körpersprachlich von erheblicher

Bedeutung war, riet ich ihm, es in Zukunft zu berücksichtigen. Wir verständigten uns zunächst darauf, dass er Verkaufsverhandlungen generell im Sitzen führt, also am Schreib- oder Besprechungstisch. Im Rahmen der Fahrzeugpräsentation war meine Empfehlung, nach Möglichkeit immer dann, wenn der Kunde im Auto sitzt, neben ihm Platz zu nehmen. Fand ein Gespräch am Auto, also stehend statt, sollte er sich mit einem gewissen Abstand zum Kunden stellen, so dass der Kunde nie nach oben schauen muss. Ebenso bat ich ihn darum, in Zukunft immer dann, wenn der Kunde im Auto sitzt, nach Möglichkeit nicht auf der Fahrerseite zu stehen und durch das Schiebedach mit ihm zu sprechen oder womöglich, wenn der Kunde in einem Cabriolet sitzt, auch neben dem Kunden an der Beifahrertür zu stehen und dann von oben auf den Kunden herab zu sehen. Er sollte nun darauf achten, stets die gleiche Höhe zum Kunden einzunehmen.

Das Resultat dieser kleinen, aber offenbar wichtigen Veränderung war verblüffend. Weitaus mehr Kunden als bislang signalisierten dem Verkäufer nach Verkaufsabschluss, dass sie sich in seiner Gegenwart besonders wohl gefühlt hätten. Die Verkaufsatmosphäre wäre stets partnerschaftlich gewesen – und dies hatte in zahlreichen Fällen zu positiven Kaufentscheidungen in diesem Autohaus geführt.

Körpersprache ist also ein Thema, das bereits mit der eigenen Erscheinung beginnt – und damit lässt sich gut arbeiten. Besonders kleine und zierliche Frauen können auf höhere Schuhe ausweichen, eher kräftige und damit dominant wirkende Typen durch helle, freundliche Farben Gegenakzente setzen. Wer spürt, dass hier vielleicht ein Schlüssel zu Erfolg oder Misserfolg in seinen Verkaufsgesprächen liegt, sollte sich einfach einmal kritisch im Spiegel betrachten. Oft ist die Lösung ganz einfach und ohne großen Aufwand zu erreichen.

Telefonieren macht nicht unsichtbar!

Falls Sie auch zu den Verkäufern gehören, die Ihre Geschäfte grundsätzlich am Telefon durchführen, sollten Sie nicht den fatalen Fehler machen, das Thema Körpersprache aus Ihrem Denken und Handeln auszuklammern! Zugegeben, die Zeiten des Bildtelefons sind immer noch nicht angebrochen, doch der Gesprächspartner nimmt weit mehr von Ihrer Körperhaltung, Gestik, Mimik und Bewegung wahr, als Sie vielleicht denken!

Unterstreichen Sie daher auch am Telefon das gesprochene Wort durch Ihre Gestik mit den Armen oder Händen. Das geht natürlich besonders gut, wenn man ein Headset benutzt, da dann die Arme frei sind. Ebenso ist gerades, aufrechtes Sitzen sehr wichtig – bitte nicht nach vorne zusammenkauern. Denn auch das überträgt sich in die Stimme und die Sprechweise. Unterstützen kann man den aufrechten Sitz durch ein Keilkissen, das automatisch zu einer besseren Sitzhaltung führt.

Was man unbedingt vermeiden sollte, ist das Einklemmen des Hörers zwischen Kopf und Schulter. Die ausgesprochen verkrampfte Haltung nimmt der Gesprächspartner immer wahr – so sehr Sie sich auch um einen lockeren Tonfall bemühen! Stellen Sie sich einfach vor, Sie führen ein Face-to-Face-Gespräch; denn dann würden Sie auch eine andere Haltung wählen.

Falls Sie zu den Verkäufern gehören, die tatsächlich mehr als 15 Gespräche am Tag führen, macht ein Headset Sinn. Am besten ist natürlich ein Funk-Headset, bei dem man weg vom Kabel kommt und so noch mehr Freiraum hat. Mit einem Headset können Sie sich so bewegen, wie es Ihrem Stil und Ihrem Temperament entspricht. Ihr Gesprächspartner wird Sie folglich als besonders authentisch und damit glaubwürdig und vertrauenswürdig wahrnehmen. Und das macht sich sofort positiv bei den Verkaufszahlen bemerkbar ...

Wenn es einmal schwierig wird – aufstehen!

Nicht jedes Telefonat läuft reibungslos und von Anfang an erfolgreich ab. Denn es gibt auch Gesprächspartner, die mit Ihrer Aussage nicht konform gehen und das kann Sie durchaus zum Schwitzen bringen. In dem Moment, in dem Sie beginnen, sich in einer solchen Situation unwohl und unterlegen zu fühlen, sollten Sie ruhig einmal aufstehen. Sie werden verblüfft sein, wie viel Kraft das gibt! Denn im Stehen haben Sie eine bessere Verhandlungsposition – egal, ob im Face-to-Face-Gespräch oder am Telefon. Man wirkt größer und stärker, auch mental dominanter – zumal viele der Gesprächspartner beim Telefonieren wahrscheinlich sitzen. Stellen Sie sich einfach vor, Sie stehen vor einem sitzenden Kunden, das hilft in komplizierten Gesprächssituationen! Sie stehen über den Dingen und lassen sich folglich auch nicht aus Ihrem Konzept bringen. Dieses Bewusstsein überträgt sich auch auf Ihre Sprache und Tonlage – und kommt beim Kunden garantiert an.

Spielfeld Verhandlungstisch – bitte barrierefrei!

Neben körpersprachlichen Barrieren oder Fehlern ist es auch extrem wichtig, die Gesamtatmosphäre eines Gespräches gut zu gestalten. Ein besonders häufiger Fehler ist hier im direkten Gespräch der unbewusste Aufbau von sichtbaren Barrieren. Ganz typisch ist zum Beispiel die übliche Aufreihung der Getränke, die meistens allgemein zugänglich mitten auf den Tisch gestellt werden – also genau zwischen beide Gesprächspartner. Mein ganz persönlicher Tipp in diesem Fall: Versuchen Sie, die Getränke sukzessive, aber auf keinen Fall energisch (das wirkt sehr aufgesetzt) wegzuräumen, indem Sie zunächst Ihr eigenes Getränk inklusive Glas auf die Seite schieben. Damit befreien Sie das Aktionsfeld von unnötigem Ballast. Als Verkäufer sollten Sie sich auf keinen Fall hinter irgendwelchen Kaffeekannen oder Sprudelflaschen verstecken! Außerdem werden Sie wahrscheinlich feststellen, dass Ihr Gegenüber nach kurzer Zeit nachzieht, also sein Getränk automatisch auch zur Seite schiebt. Dann ist der Tisch frei und Sie können barrierefrei kommunizieren!

Knüpfen Sie Beziehungsnetze!

Wer in seiner Tätigkeit als Verkäufer Begeisterung vermitteln will, benötigt dazu eine solide Basis. Diese Basis setzt sich aus vielen verschiedenen Bausteinen zusammen – angefangen beim inneren Feuer über bestimmte Kommunikationsregeln bis hin zur Körpersprache. Ein weiterer wichtiger Baustein sind dabei Beziehungsnetze, da sie langfristig gut tragen.

In dem Stadtteil, in dem ich wohne, ist mir vor einiger Zeit aufgefallen, dass stets ein bestimmtes Bauunternehmen vor Ort war, wenn es um Renovierungen oder Neubauten ging. Das Firmenschild war nie zu übersehen, die Häufigkeit frappant. Ich entschloss mich also dazu, dieses Phänomen etwas näher zu erkunden.

Ich bemerkte sehr schnell , dass der Inhaber des Bauunternehmens zu jeder Gelegenheit in der Öffentlichkeit auftauchte. Er war auf jedem Straßenfest und bei den meisten Sportveranstaltungen des Stadtteils präsent, und natürlich auch ständiger Gast im Tennisverein. Beim Herbstfest sah man ihn mit seiner ganzen Familie, die freiwillige Feuerwehr unterstützte er bei Festen finanziell ebenso, wie eine ortsansässige politische Partei. Kurz: Der agile Bauunternehmer tauchte überall dort auf, wo Menschen sich trafen und miteinander kommunizierten – folglich war er stets auf dem neusten Informationsstand. Er wusste also, wann wo was gebaut oder renoviert werden sollte und pflegte seine wichtigen Kontakte sorgsam.

Piranha Point
Ein erfolgreicher Verkäufer isst (von essen) abends nie allein! Denn wer Erfolg haben will, ist viel unterwegs, ständig präsent und vor Ort in seinem Verkaufsgebiet.

Bauen Sie sich also ein intaktes Beziehungsnetzwerk auf. Das geht oft einfacher, als es sich anhört: in Vereinen, Clubs, Parteien oder an Stammtischen. Wichtig ist allerdings, dass Ihr Netzwerk zu Ihnen passen muss; ein passionierter Musiker wird in einem Sportverein möglicherweise weniger interessante Kontakte knüpfen und soziale Anerkennung finden können, als im Fanfarenkorps des örtlichen Schützenvereines.

Machen Sie sich als Verkäufer unbedingt Gedanken darüber, welche Netzwerke für Sie sinnvoll sind. Bestehen dann erste Kontakte, ist es auch wichtig, in diesen Verbindungen aktiv zu arbeiten. Ein Netzwerk lebt von der Präsenzpflicht; man muss Sie sehen, wahrnehmen und letztendlich auch kennen. Denn nur so wird man auf Sie zurückgreifen, da man Ihnen vertraut. Außerdem kennen die Leute, mit denen man spricht, wiederum andere – und das Netz wird immer größer.

Ein weiterer Vorteil von Beziehungsnetzen ist, dass man gerade im Gespräch auf verschiedenen Ebenen auch für sich selbst neue Ansätze findet. Insbesondere wenn man viel unterwegs ist und oft mit anderen Menschen in Kontakt kommt, erhält man immer wieder neue Inspirationen und Impulse, aus denen neue Ideen erwachsen. Und wer regelmäßig neue Ideen entwickelt, so seinen Beruf spannend und einzigartig mitgestaltet, wird langfristig auch keine Schwierigkeiten damit haben, beim Verkaufen Begeisterung zu vermitteln!

Kapitel 8
Fachwissen – wichtig, jedoch nicht entscheidend

Ein Verkäufer, der die beiden Piranha-Faktoren „Begeisterung fühlen“ und „Begeisterung vermitteln“ bereits besitzt, kommt natürlich dennoch nicht an der erforderlichen Fachkompetenz, dem dritten Piranha-Faktor, vorbei. Dennoch hat dieser Themenbereich bei weitem nicht die immense Bedeutung , die ihm von vielen Unternehmern und Verkäufern zugesprochen wird – im Gegenteil: Entscheidend beim Verkauf ist nicht mehr das „WAS“, sondern das „WIE“. Ein Verkäufer, der ausschließlich über ein zwar hohes Fachwissen verfügt, aber alle anderen „weichen“ Faktoren vernachlässigt, kann heute keinen müden Cent mehr verdienen. Gefragt ist vielmehr eine dem Kaufverhalten angepasste Mischung aus Fachkompetenz und sozialer Kompetenz – und zwar quer durch alle Branchen und Dienstleistungen.

Warum das so ist, verdeutlicht das Beispiel von zwei Allgemeinarztpraxen, die nebeneinander in einer Kleinstadt existieren möchten. Praxis A ist quasi eine alteingesessene Institution. Der behandelnde Arzt ist knapp über 50 Jahre alt und praktiziert bereits seit rund 20 Jahren in denselben Räumen. Die Sekretärin am Empfang ist ebenso lange dort wie er, hat bei Kolleginnen und Patienten den zweifelhaften Ruf eines Drachens, kennt den Betrieb allerdings wie kein anderer in- und auswendig. Hinzu kommen drei Arzthelferinnen, von denen eine gerade ihr zehnjähriges Dienstjubiläum hatte, die Zweite hier seit sechs Jahren tätig ist, während die Dritte zur Zeit ihr zweites Ausbildungsjahr absolviert.

Die Praxis gilt als solide, der Arzt als ein wenig kauzig und „vom alten Schlag“, jedoch im Prinzip gut und vor allem fachlich sehr kompetent. Als klassischer Schulmediziner hält er allerdings nichts von alternativen oder naturnahen Behandlungsmethoden, sondern verfolgt konsequent das, was er einst gelernt hat. Auch moderne, offene Praxiskonzepte passen daher nicht zu seinem Stil – die Praxis pflegt den Charme der kühlen achtziger Jahre. Die Patientenstruktur entspricht dieser Ausrichtung: Vor allem ältere Menschen fühlen sich hier gut aufgehoben, der „Herr Doktor“ ist eine Institution. Sie nehmen auch in Kauf, dass der Terminkalender meist extrem dicht gedrängt und dies manchmal mit erheblichen Wartezeiten verbunden ist.

Insgesamt arbeitet die Praxis seit Jahren mit einem Patientenstamm, der zu 90 Prozent aus Kassen- und nur zu 10 Prozent aus Privatpatienten besteht. Da die vielen Veränderungen durch die Gesundheitsreform zu Einschnitten und Einschränkungen bei medizinischen Leistungen im Kassenpatientensektor geführt haben, spürt der Arzt dieser Praxis seit einiger Zeit einen deutlichen Umsatzrückgang.

Es kommt darauf an, wie Kompetenz vermittelt wird

Ganz anders sieht die Situation in der zweiten ortsansässigen Allgemeinarztpraxis aus. Bereits der erste Eindruck macht klar, dass hier ein anderer Wind weht. Die Praxis ist hell und in warmen Farben eingerichtet, Holz- und sonnige gelb-orange Töne dominieren. Die Patientenbegrüßung wird hier nicht von einer Person durchgeführt, sondern wechselseitig von den vier Arzthelferinnen im rollierenden System.

Der Arzt selbst ist noch recht jung und praktiziert erst seit vier Jahren. Sein Start in der Kleinstadt lief jedoch von Anfang an besser als erwartet, da er vor allem die jüngeren Menschen anzieht. Ein Großteil der Patienten besteht aus berufstätigen Frauen und Männern, oft auch ohne Kinder und privat versichert. Mit einem Privatpatienten-Anteil von mehr als 25 Prozent liegt er deutlich über dem Bundesdurchschnitt.

Auch der junge Arzt hat natürlich eine umfassende fachliche Ausbildung genossen. Im Gegensatz zu dem älteren Kollegen setzt er jedoch vor, während und nach der Behandlung deutlich weniger auf die Vermittlung von Fachinhalten, sondern arbeitet emotionaler und nutzenorientierter. Und das mit Erfolg – gerade in Zeiten gesundheitspolitischer Einschränkungen: Denn ein Patient mit chronischem Asthma erkennt die Notwendigkeit für Akupunktur und Sauerstofftherapie (was alles mit erheblichen Zuzahlungen verbunden ist!) viel besser, wenn er begreift, wie sehr ihm das nützt. Allein die Perspektive von einem gesunden Zustand „danach" überzeugt schneller, als ausführliche Erläuterungen zum Krankheitsbild und medizinischen Behandlungsformen.

Die Einzelbehandlung bei diesem Arzt läuft folglich ganz anders ab. Nichts ist hier von Terminstress und Gesundheitsreform zu spüren. Auch die in der anderen Praxis seit Jahren dazugehörenden offenen Briefe an die Patienten, die gerahmt an der Wand im Wartezimmer auf die schwierige finanzielle Situation und den damit verbundenen Mehrkosten und Leistungseinschränkungen in der medizinischen Versorgung hinweisen, fehlen hier. Der Arzt konzentriert sich mit Ruhe auf jeden einzelnen Patienten, schafft dadurch allerdings nicht ganz so viele Behandlungen am Tag, wie der ältere Kollege.

Dennoch sehen die Bilanzen der modernen Praxis zum Quartalsende deutlich besser aus – Tendenz weiter steigend. Denn die meist jüngeren Patienten sind nach der umfassenden Beratung und Behandlung zu weitaus kostenintensiveren Therapien bereit, die teilweise komplett selbst getragen werden müssen, und zwar unabhängig davon, wie sie versichert sind. Für den Arzt bedeutet dies erheblich mehr Gestaltungsspielraum bei der Auswahl von Therapien und Medikamenten – und unterm Strich auch mehr Gewinn.

Fachkompetenz als USP ist ein Auslaufmodell!

Prognostiziert man die Entwicklung beider Praxen für die nächsten fünf Jahre, liegt auf der Hand, was passieren wird. Der junge Arzt, dessen Rechnung offenbar aufgeht, wird aufgrund höherer Flexibilität noch mehr Zulauf haben, so dass es für Patienten unter Umständen sogar etwas ganz Besonderes sein wird, von diesem Arzt behandelt zu werden. Diese herausragende Stellung führt wiederum automatisch dazu, dass der Anteil an Privatpatienten weiter steigt und die Gewinnzahlen noch besser werden. Schafft die Praxis es gleichzeitig, ein gewisses Potenzial an Kassenpatienten zu halten und ebenso ausführlich zu umsorgen und zu behandeln, steht einem langfristigen Ruf als guter, sozial kompetenter und vielseitiger Mediziner nichts mehr im Wege.

Die alteingesessene Praxis hingegen befindet sich bereits auf einem absteigenden Ast. Denn Fachkompetenz als einzige USP (Unique Selling Proposition) ohne weiteren sozialen Mehrwert hat heutzutage ausgedient. Erkennt der ältere Arzt dies nicht schnellstmöglich, dürfte der Patientenstamm immer kleiner werden. Die permanent engere Terminsetzung, die er zur Zeit durchführt, um sein Umsatzsoll so wenigstens durch Masse zu halten, wird auf Dauer auch bei den geduldigsten Patienten zu Verdruss führen – vor allem dann, wenn sie erfahren, dass es auch anders geht!

Letztendlich sind auch die Patienten eines Arztes nichts anderes als Kunden, auch wenn viele Mediziner sich nach wie vor gegen diesen Begriff sträuben. Der Widerstand ändert jedoch nichts an der Tatsache, dass Ärzte kundenorientiert denken und handeln müssen – auch in ihren „Verkaufsgesprächen“. Und dass ein Arzt kompetent ist, muss er im Face-to-Face-Gespräch nicht mehr zwingend beweisen – wäre er dies nicht, hätte sich der Patient ohnehin eine andere Praxis ausgesucht. Gefragt sind andere Verkaufsstrategien, die denen von tatsächlichen Verkäufern durchaus ähnlich sind: ein inneres Feuer für den Beruf, die Fähigkeit, Begeisterung für bestimmte Heilungsmethoden zu vermitteln, Ausdauer in Beratung und Therapie und das Selbstbewusstsein, auch einmal einen anderen Weg zu gehen.

Fachidiot schlägt Kunden tot!

Was sich zunächst sehr provozierend und überspitzt anhört, ist eine Erkenntnis, zu der echte Piranha Seller schon lange gekommen sind: Ein Verkaufserfolg ist zu 80 Prozent Persönlichkeit, Mehrwert und soziale Kompetenz – und nur zu 20 Prozent Fachwissen. Wer das immer noch nicht glauben mag, sollte es einfach einmal testen. Ganz besonders bietet sich hier die Shop-in-Shop-Situation moderner Kaufhäuser in der Vorweihnachtszeit an. Nehmen Sie sich an einem Tag die Zeit und machen Sie sich zum Beispiel auf die Suche nach einem möglichst vielseitigen Reisewecker. Stürzen Sie sich bewusst in den lautstarken Trubel geschenkesüchtiger Menschen, die völlig überarbeiteten und gestressten Verkäufern das Letzte abverlangen – und überlegen Sie (ganz ehrlich!) nach drei bis fünf Beratungsgesprächen in verschiedenen Kaufhäusern, welches Produkt Sie nun kaufen würden.

Ich bin mir ganz sicher: Es ist nicht der klassische quaderförmige Funkreisewecker, der so hervorragend verarbeitet ist, den neusten Funkübertragungs-Standard hat, auf Wunsch einen Alarm mit hochsensiblen Sonderfrequenzen auslösen kann und Ihnen von einem jungen Verkäufer vorgestellt wurde, der dabei eine halbe Stunde lang gemeinsam mit Ihnen die Gebrauchsanleitung studieren musste. Wahrscheinlich würden Sie sich auch nicht für das silberne Modell in „hervorragender Qualität und Genauigkeit“ entscheiden (denn das setzen Sie eigentlich voraus), das zur Zeit einen besonders günstigen Preis hat. Auch das knapp ein Kilo schwere Luxusmodell mit derart vielen Sonderfunktionen, dass die Verkäuferin schon bei der Aufzählung passen musste, käme wohl nicht in die engere Wahl.

Vermutlich würden Sie sich für ein handliches, vielleicht sogar ganz unauffälliges Stück entscheiden, weil Ihnen ein guter Verkäufer den tatsächlichen Nutzen in verständlichen Worten klar gemacht hätte. Und der liegt eben nicht in besonders schön gearbeiteten Metallbügeln, Sonderfrequenzen oder bruchsicheren Details! Was Sie interessiert, sind automatische Zeitumstellungen bei Ihren zahlreichen Fernreisen, die praktische Datums- und Jahresübersicht, Weltzeituhren und der integrierte Taschenrechner. Was der Verkäufer Ihnen vermittelt hat, sind emotionale Nutzen wie zum Beispiel Bequemlichkeit und Spieltrieb – keine fachlichen Details. Denn Qualität und gute Ausstattung setzen Sie beim Besuch einer Fachabteilung voraus; als Kaufargumente ziehen diese nicht mehr.

Piranha Point
Machen Sie sich vor jedem Verkaufsgespräch klar, was das Produkt oder die Dienstleistung neben der Qualität und fachlichen Finessen zu bieten hat. Machen Sie diese Verkaufsargumente dann zum Kern Ihrer Verkaufsbotschaft – denn das ist es, was beim Kunden zählt!

Die Mär von den ausschlaggebenden Kaufgründen

Leider hat es sich bei vielen Herstellern immer noch nicht herumgesprochen, dass die hohe Fachkompetenz der Verkäufer und die hervorragenden Produkteigenschaften allein die Kunden nicht begeistern. Gerade im Luxusgüterbereich wird hier gern die allgemein schlechte wirtschaftliche Lage vorgeschoben – als allgemeingültige Ausrede vor dem Eingeständnis, dass es meist einfach an der inneren Einstellung fehlt. Denn Qualität ist längst eine Voraussetzung und kein Kaufgrund mehr!

Besonders deutlich wird diese Tatsache am Beispiel eines Schwimmbadhändlers im süddeutschen Raum. Der traditionelle

Handwerksbetrieb verkauft und baut seit mehr als 20 Jahren Privatpools, Wellnessgeräte und Saunen. Dabei vertritt er Hersteller, die vor allem auf Qualität, solide Verarbeitung und langjährige Branchenerfahrung setzen. Das Prospektmaterial der Lieferanten ist entsprechend langweilig aufgebaut: endlose technische Erläuterungen, Bildmaterial von anno dazumal und dazu Texte, die kaum weniger ansprechend sein könnten. Da jedoch der Händler seine Fachkompetenz auch in schwierigen Fragen stets als herausragendes Merkmal beschreibt, ist ihm die Eintönigkeit seiner Informationsmaterialien bislang nicht aufgefallen.

Die Situation verändert sich dramatisch, als ein neuer Händler im Nachbarort eröffnet. Er gilt in Fachkreisen noch als relativ unerfahren, aber ehrgeizig. Im Gegensatz zum Wettbewerb investiert er auffallend stark in Marketingmaßnahmen: So ist er der einzige Pool-Händler weit und breit, der eine eigene, vierfarbige Imagebroschüre besitzt; sein Geschäft ist mit großflächigen Fotografien tobender Kinder im Pool geschmückt. Verkaufs- und Beratungsgespräche führt dieser Händler nicht im Büro am Schreibtisch, sondern möglichst in der eigenen Gartenausstellung unter dem Sonnenschirm oder an kalten Tagen im dazugehörigen Wintergarten. Stets sitzen die Kunden unter Palmen und Oleandersträuchern, blicken auf die schillernde Wasseroberfläche der ausgestellten Pools und lauschen – bewusst oder unbewusst – dem gleichmäßigen Plätschern der Umwälzanlagen.

Um das technische Innenleben von Filter- oder Dosieranlagen geht es in diesen Gesprächen nur am Rande. Der clevere Verkäufer unterhält sich mit dem Kunden zunächst in aller Ruhe über die individuellen Wünsche und Träume. Der eigene Pool als Inbegriff von Urlaub daheim und Luxus weckt viele Assoziationen, die er gemeinsam mit den Kunden gekonnt weiterentwickelt. Das Resultat ist einfach und verblüffend: Die Kunden fühlen sich von Anfang an verstanden und rundum wohl – und zu guter Letzt bei Vertragsunterzeichnung haben Sie nicht nur die Gewissheit, gut beraten worden zu sein, sondern soeben auch ihren ganz persönlichen Traum gekauft zu haben. Und das ist eine verkäuferische Glanzleistung, von der der andere Händler mit seinen sehr fachlichen Verkaufsgesprächen meilenweit entfernt ist!

Fachwissen als Drahtseilakt zwischen Erfolg und Misserfolg

Wie eng Erfolg oder Misserfolg aufgrund einer extrem hohen Fachkompetenz, die bewusst kommuniziert wird, beieinander liegen, zeigt das folgende Beispiel aus meiner Trainer-Tätigkeit.

Der Verkaufsleiter einer Winzergenossenschaft südlich von Freiburg sprach mich im Anschluss einer meiner Vortragsveranstaltungen an, um mir seine Schwierigkeiten im Weinverkauf zu schildern. Verkaufsförderung hieß das Zauberwort, mit dem er die zur Zeit stagnierenden Umsätze wieder in Schwung bringen wollte – nur wie?

In meinem zuvor stattgefundenen Vortrag berichtete ich vom Verkaufen am Telefon – eine Variante, die er in dieser Form noch nicht für die Winzergenossenschaft in Betracht gezogen hatte. Der Verkaufsleiter wollte nun von mir wissen, wie man dieses Konzept für sein Unternehmen umsetzen könnte.

Bei einem Termin vor Ort wenige Tage später habe ich mir zunächst ein Bild von den Verkaufsaktivitäten der Winzergenossenschaft gemacht. Wie erwartet und im Internet bereits ausgiebig betrachtet, lagen die Verkaufsräume der Genossenschaft im Erdgeschoss und Keller eines malerischen Weingutes. Das Gebäude befand sich zwar ein wenig abseits der dicht befahrenen Bundesstraße, war jedoch gut ausgeschildert und leicht zu finden. Schweiz- oder Italienreisende, die sich für eine Route jenseits der Autobahn entschlossen haben, würden hier mit ziemlicher Sicherheit einkehren.

Der Verkaufsleiter bestätigte mir im Gespräch diese Vermutung. In der Tat hatte die Genossenschaft neben ortsansässigen Konsumenten offenbar vor allem Kunden, die auf der Rückreise ihres Sommerurlaubs vorbei kamen, einige Weine probierten, einzelne Flaschen oder Kartons gleich mitnahmen und dann auch größere Mengen orderten, die dem Käufer nachgeschickt wurden. An sich kein schlechtes Potenzial, stellten wir gemeinsam fest, der springende Punkt war jedoch die Altersstruktur. Denn von wenigen Ausnahmen abgesehen setzte sich der Kundenstamm der Genossenschaft aus älteren Menschen zusammen, die sich für solche gemütlichen Besuche noch Zeit nehmen konnten und wollten. Ich konnte an einigen dieser Verkaufsgespräche teilnehmen, die fast ausschließlich auf sehr hohem fachlichem Niveau stattfanden. Offenbar schätzten die älteren Kunden diese Gespräche „unter Kennern" – mir erschienen sie gerade für Wein-Entdecker oder Einsteiger sehr anspruchsvoll. So passte es für mich auch dazu, dass das mittlerweile sehr kaufkräftige jüngere Publikum in verschwindend geringer Anzahl das Weingut besuchte – ein Manko, das sich deutlich in den Umsätzen niederschlug.

Die Frage nach dem „Warum" war rasch geklärt: Service, Bequemlichkeit und schnelle Verfügbarkeit haben immer mehr dazu geführt, dass auch hochwertige Getränke wie Wein meist im gut sortierten Supermarkt oder vielleicht sogar an der Tankstelle um die Ecke gekauft werden. Beruf, Freizeitstress und vieles mehr lassen nur wenig Raum für außergewöhnliche und zeitintensive Aktivitäten, wie zum Beispiel der Besuch eines Weingutes. Der Verkaufsleiter hatte sich gründlich vorbereitet und kannte die für ihn relevanten Parameter. Meinen Einwand bezüglich des hohen inhaltlichen Niveaus in den Verkaufsgesprächen wollte er so zu diesem Zeitpunkt jedoch noch nicht annehmen. Gefragt waren also in jedem Fall neue Ideen, um die Verkaufszahlen anzukurbeln und vielleicht sogar das Kundenpotenzial ein wenig zu verjüngen.

Auch das ist Fachwissen – den Kunden kennen

Da die Winzergenossenschaft über eine außerordentlich gut gepflegte Kundendatei verfügte, suchte der Verkaufsleiter mit mir all jene Kunden heraus, die bereits länger als drei Jahre nicht mehr gekauft oder geordert haben. Wir waren beide erstaunt, wie viele Kunden das waren!

Zunächst ging es nun darum, herauszufinden, woran dieses Einschlafen der Verkäufer-Käuferbeziehung lag. Wir beschlossen daraufhin, für diese Analyse zunächst die von mir entwickelte IPT-Trainingsmethode anzuwenden. Dazu nannte mir der Verkaufsleiter vier Mitarbeiterinnern und Mitarbeiter, die für eine Telefonaktion in Frage kamen. Mit diesen vier Personen habe ich in einem eintägigen Training die Grundlagen für unsere Aktion erarbeitet, um sie auf die neue Aufgabe optimal vorzubereiten.

Dann habe ich den frisch trainierten Telefonverkäufern der Winzergenossenschaft zwei Wochen Zeit gegeben, um das Gelernte in der Praxis zu probieren und umzusetzen. Dieser Part ist ein wichtiger Bestandteil des Trainings, um genau festzustellen, wo vielleicht noch Verständnisschwierigkeiten, Hemmschwellen oder andere Kommunikationsblockaden liegen. Besonders großen Wert habe ich bei allen Teilnehmern jedoch auf ein Detail gelegt: Sie sollten sich darum bemühen, in den Gesprächen weg vom reinen Fachdialog hin zum Kommunikationsgedanken zu kommen.

Nach zwei Wochen saßen wir wieder an einem Tisch. Nun kannten wir die typischen Hemmschwellen und Einwände der Kunden, hatten also die Antwort auf die berechtigte Frage, warum die Geschäftsbeziehung oft jahrelang (bis zum nächsten Besuch vor Ort) abriss. Offenbar hatten viele der Befragten Schwierigkeiten damit, bei der Genossenschaft anzurufen, um einen Wein auf diesem Weg zu bestellen. Als wesentlichen Grund gaben sie fehlende Sachkenntnis und Angst vor einem zu komplizierten Beratungsgespräch an. Vor Ort hatten sie dieses Gefühl nicht – konnte man doch Schluck für Schluck die Ausführungen der Verkäufer bei der Weinprobe nachvollziehen.

Damit hatte sich meine eingangs geäußerte Vermutung nach dem Hospitieren bei Verkaufsgesprächen der Genossenschaft eindeutig bestätigt! Der Verkaufsleiter lenkte überzeugt ein und begann nun mit dem Team ein neues Service-Angebot zu formulieren, das nicht nur für ausgesprochene Weinkenner verständlich und attraktiv war.

Wissen, was der Kunde will

In einer weiteren Trainingseinheit und einem daran anschließenden Training-on-the-job haben sich die Weinverkäufer noch einmal die bereits analysierten Kundendaten vorgenommen. In gezielten Anrufen wurden speziell diese Kunden nach einem festgelegten Einleitungsteil auf ein spezielles Angebot, einer kleinen Auswahl von Weinen zum Kennenlernen und Probieren hingewiesen.

Zusätzlich haben wir hier noch einen kleinen „Kaufverstärker“ eingebaut, indem die Verkäufer als besondere Zugabe ab 18 Flaschen die frachtfreie Lieferung anpriesen. Da in einem Karton stets sechs Flaschen Platz finden, betraf dieses Sonderangebot also jeweils eine Lieferung von drei Kartons – was im Kundendurchschnitt viel war.

Insgesamt verliefen diese Gespräche auch inhaltlich völlig anders als bislang: Der Kunde wurde dazu aufgefordert, seinen Vorlieben in punkto Wein freien Lauf zu lassen – und erhielt dann das passende Probier-Angebot. Das Fachwissen zu Rebsorten, Anbaugebieten und Lagerzeiten behielten die Verkäufer weitgehend für sich; im Fokus stand der Wunsch des Kunden.

Das Ergebnis war hochinteressant: So konnte die Winzergenossenschaft zunächst einmal die Kundendatenbank erheblich aktualisieren, da nun auch die Präferenzen dieser Kunden bekannt waren. Damit verfügte das Unternehmen über ein wichtiges Wissenspotenzial für spätere, gezielte Aktionen. Außerdem stellte sich zur allgemeinen Überraschung heraus, dass sich weit mehr Kunden dazu entschlossen haben, das frachtfreie Angebot mit den drei Kartons und mehr anzunehmen. Damit war aus dem Verkäufertraining eine erfolgreiche und klassische Kundenrückgewinnungs- oder auch Reaktivierungsaktion geworden. Der Verkaufsleiter war begeistert.

Mit Training-on-the-job weg vom „WAS" und hin zum „WIE"

Konkret lief das Training-on-the-job in der Winzergenossenschaft folgendermaßen ab: Die vier Mitarbeiter investierten jeweils drei Stunden Telefonkontakt am Trainingstag für diese spezielle Aktion. Während dieser Zeit wurde zunächst eine Stunde telefoniert. Danach kam das Team mit dem Verkaufsleiter und mir zusammen und wir sprachen durch, wie viel in dieser einen Stunde verkauft worden ist, welche Erkenntnisse es gab und welche Einwände möglicherweise noch einmal behandelt werden müssen. Daraufhin begann eine neue einstündige Telefonsequenz.

Während die Verkäufer an ihren Arbeitsplätzen telefonierten, habe ich mir einzelne Gespräche angehört. Unmittelbar danach habe ich meinen persönlichen Eindruck mit der jeweiligen Person besprochen und wenn erforderlich sofort Tipps gegeben, was es zu verändern oder zu verbessern galt. Nach einer weiteren Stunde Telefonaktion setzte man sich wieder zusammen, führte wieder eine Erfahrungs- und Ergebnisbesprechung durch und startete dann zu einer abschließenden Runde.

Es wurde also mit vier Mitarbeitern effektiv drei Stunden telefoniert. Das sind insgesamt 12 Telefonstunden, und zwar reine Telefonzeit. In dieser Zeit haben die speziell trainierten Verkäufer es geschafft, in der ersten Sequenz, also einer ersten Angebotsrunde für diese Kundengruppe, 1.140 Flaschen Wein zu verkaufen – das entspricht immerhin 190 Kartons Wein!

Wie neues, anderes Wissen zur Strategie wird

Mittlerweile hat die Winzergenossenschaft so gute Erfahrungen mit dem neuen Medium „Telefonverkauf" gemacht, dass dieser Part nun zu einem festen Bestandteil der Verkaufsstrategie geworden ist. Seit dieser Trainingsphase muss jeder Verkäufer des Unternehmens drei Stunden in der Woche für diese Aktion telefonieren. Dazu werden wöchentlich Pläne erarbeitet, die dem Verkaufsleiter stets freitags bis spätestens 12.00 Uhr verdeutlichen, wie in der nächsten Woche telefoniert wird. Den Mitarbeitern wurde dabei übrigens freigestellt, ob sie drei Stunden am Stück telefonieren oder über die Woche verteilt mit den Kunden Kontakt aufnehmen möchten.

Die innovative Arbeitsweise macht sich inzwischen signifikant in den Umsatzzahlen bemerkbar. Die neue, etwas andere Form der Fachkompetenz hat dazu geführt, dass nun in Spitzenwochen bis zu 1.400 Flaschen verkauft werden – zusätzlich wohlgemerkt.

Diesen immensen Erfolg wollte der Kunde nachhaltig ausbauen. So richteten wir in einer weiteren Verkaufsaktion die Aktivitäten auf eine jüngere Zielgruppe aus, um Zukunftspotential für die Winzergenossenschaft zu sichern.

Wir entwickelten gemeinsam mit einer diesbezüglich spezialisierten Werbeagentur ein haptisches Mailing (also ein Anschreiben mit einem den Tastsinn ansprechenden Element) – genauer gesagt eine kombinierte Mail-and-Call-Aktion. In der Praxis heißt dies nichts anderes, als dass ein Mailing verschickt und diesem Anschreiben telefonisch nachgefasst wird.

Der Vorteil solcher Mail-and-Call-Aktionen liegt auf der Hand: Der Kunde wird zunächst schriftlich auf ein spezielles Angebot hingewiesen, das seinen individuellen Bedürfnissen möglichst genau entspricht. Er hat dann Zeit, dieses Angebot zu studieren, vielleicht sogar bereits etwas auszufüllen und zurück zu schicken oder seinen Bedarf zu überdenken, ehe er zwei bis drei Tage später von einem freundlichen Verkaufsmitarbeiter der Winzergenossenschaft angerufen wird.

In diesem Telefonat erkundigt sich der Verkäufer eingangs danach, wie interessant das Angebot für den Kunden ist. Im lockeren jedoch zielgerichteten Gespräch und durch den Einsatz spezieller Fragetechniken (siehe dazu auch Kapitel 9) kommt der Verkäufer nach und nach dem Kunden näher. Meist gelingt es ihm dabei, eine Bestellung aufzunehmen – oder den Kunden zumindest davon zu begeistern, einen bestimmten Wein oder ein ganzes Set einfach einmal zu probieren.

Unter dem Strich hat die Implementierung eines solchen strategischen Vorgehens die Gewinnzahlen der Winzergenossenschaft nochmals deutlich angehoben – und das obwohl die dort hergestellten Weine keinesfalls niedrigpreisig sind!

Mythos Preis – Preis versus Wert

Damit sind wir bei einem Thema angelangt, das fälschlicherweise immer noch zu einem Kernpunkt des Verkaufens hochgespielt wird: der Preis. Wie oft höre ich von den Teilnehmern in meinen Trainings – und zwar unabhängig von der Branche – ein Kunde hätte nicht gekauft, weil ein Produkt „zu teuer" war. Spätestens an diesem Punkt werde ich immer sehr energisch! Meiner Meinung nach handelt es sich bei dieser Aussage in nahezu allen Fällen um eine Schutzbehauptung, die den eigenen Misserfolg des Verkäufers relativieren soll. Denn in dem Moment, in dem ein Verkäufer den Kunden für ein Produkt oder eine Dienstleistung begeistern kann, wird der Preis zur Nebensache.

Anders herum gesagt: Wenn ein Kunde den Preis zum entscheidenden Thema eines Verkaufsgesprächs stilisiert, hat der Verkäufer seinen Job verfehlt. Oft geschieht diese unerwünschte Wendung dann, wenn der Kunde sich überfordert fühlt, weil er vielleicht zu viel Fachinformationen erhalten hat und den Verkäufer einfach nur loswerden möchte. Der Preis funktioniert dann als K.O.-Kriterium – und die meisten Verkäufer nehmen dies widerstandslos hin!

Dabei ist es doch eigentlich ganz einfach: Der Preis ist eine künstliche Größe, die etwas über den *Wert* des Produktes oder der Dienstleistung aussagt. Also sprechen Sie auch darüber! Machen Sie dem Kunden klar, was das Produkt oder die Dienstleistung für ihn wert sein kann, welchen Nutzen es hat und wie interessant es dadurch speziell für ihn ist. Der Preis ist dann letztendlich nur noch das Zeichen der Wertschätzung für dieses Produkt oder die Dienstleistung – und wird meist kommentarlos hingenommen.

Entscheidend für diese Gesprächsentwicklung ist allerdings, dass Sie Ihren Job beherrschen und sich mit den Fertigkeiten von Piranha Selling® auskennen. Dann fällt es Ihnen leicht, den Kunden für sich selbst und das eigene Angebot zu begeistern. Mit Fachinformationen zu Qualität und technischen Finessen kommen Sie hier allerdings nicht weit – gefragt ist Einfühlungsvermögen, kundenorientiertes Denken, soziale Kompetenz und vor allem viel Begeisterung.

Piranha Point

Wecken Sie beim Kunden den Drang, etwas zu besitzen – dann verliert der Preis ganz von selbst an Bedeutung!

Kapitel 9
Ausdauer und Biss – mit Fleiß und Selbstbewusstsein erfolgreich

Dem Piranha-Faktor „Ausdauer und Biss“ wird in diesem Kapitel neben „Begeisterung fühlen“, „Begeisterung vermitteln“ und „Fachwissen“ ein hoher Stellenwert auf dem Weg zum Piranha Selling® zukommen. Vorab jedoch noch ein Hinweis: der Biss eines Piranhas wird hier lediglich im übertragenen Sinn als Bild gewählt. Entscheidend sind für mich Assoziationen wie „sicher zupacken“ und „einmal haben und nicht mehr loslassen“ – und keinesfalls die natürlichen Begebenheiten. Wenn nachfolgend also von Biss die Rede ist, dann ist damit diese einzigartige Kombination aus Fleiß und Ausdauer gemeint, die den Piranha Seller von der Masse der Verkäufer abhebt.

Es gibt ein altes deutsches Sprichwort, das wir alle wahrscheinlich zur Genüge in unserer Jugend gehört haben: „Ohne Fleiß kein Preis.“ Sollten Sie jetzt die Augen verdrehen, möchte ich Sie darum bitten, noch einmal genau über diesen Satz nachzudenken. Vielleicht fällt es Ihnen leichter, wenn Sie sich dabei einen bekannten Spitzensportler vorstellen, einen, den Sie aus den Medien gut kennen. Was glauben Sie: Wie oft trainiert dieser Sportstar Ihrer Meinung nach, um dann am Tag X – zum Beispiel bei nationalen Meisterschaften oder internationalen Turnieren – seine Bestform zu zeigen? Natürlich, er trainiert täglich. Immer wieder übt er dieselben Bewegungen und Bewegungsabläufe, macht vielleicht begleitend Krafttraining, geht mental seine bereits absolvierten und die noch bevorstehenden Wettkämpfe durch und konzentriert sich dabei möglichst gleichbleibend und konsequent auf das Eine, sein Ziel – besser zu sein, als all die anderen.

Das interessante Detail daran ist die Tatsache, dass er seine tatsächliche Leistung nur verhältnismäßig selten abrufen muss, um zu gewinnen. Dennoch lässt der Spitzensportler – vorausgesetzt, er möchte seine Erfolge halten – kein Training aus, bleibt stets dabei, sich zu verbessern, noch stärker und unbesiegbarer zu werden. Er knüpft also jeden Tag aufs Neue an die Arbeit vom Vortag an und kümmert sich anders ausgedrückt so tagtäglich darum, in seinem Job noch mehr Leistung zu bringen.

Ihre Leistung muss täglich stimmen!

Und Sie? Wie oft trainieren Sie? Wenn Sie zu den Verkäufern gehören, die jetzt selbstbewusst mit „täglich!“ antworten, sind Sie entweder schon ein Piranha Seller – oder Sie unterschätzen Ihren Job gewaltig! Denn die traurigen Statistiken über die Kundenzufriedenheit in Verkaufsgesprächen zeigen deutlich, dass hier offenbar noch ganz erheblicher Trainingsbedarf besteht.

Dies gilt umso mehr, da ein Verkäufer im Gegensatz zum Spitzensportler seine Leistung täglich bringen muss! Ist er nicht gut vorbereitet, schlecht in Form oder mental nicht fit, wird er seine Produkte oder Dienstleistungen dem Kunden nicht verkaufen können. Der Preis für dieses Defizit ist ungleich höher, als beim Sportler: Während dieser beim *nächsten* Wettkampf erneut versucht zu gewinnen, erhält der Verkäufer seine Quittung *sofort*: Denn weniger Abschlüsse bedeuten weniger Umsatz – und damit im Falle von Provisionsregelungen sofort auch weniger Gehalt. Genau genommen liegt demnach nichts näher, als das regelmäßige Training für Verkäufer, die Ihre Leistung täglich auf den Punkt bringen müssen, zu intensivieren und zu optimieren.

In meinen Vorträgen und Trainings kommt meist an dieser Stelle von einigen Teilnehmern der Einwand: „Aber ich übe es doch jeden Tag, indem ich es tue ...“. Ein fataler Irrtum, dem leider immer noch viele Verkäufer unterliegen! Wie beim Spitzensportler besteht ein sinnvolles Training nicht nur aus der Tätigkeit selbst, sondern hat weitaus mehr Facetten. So übt ein Tennisspieler nicht nur den Einsatz von Ball und Schläger, sondern trainiert gleichzeitig auch Laufkoordination, Reaktionsvermögen und vieles mehr. Täte er das nicht und würde er stattdessen ausschließlich Tennis auf dem Platz spielen, käme er wahrscheinlich nie über den Amateur-Status hinaus.

Doch möchten Sie als Verkäufer Ihr Leben lang in der unteren Mittelklasse agieren? Wohl kaum; sonst hätten Sie dieses Buch vermutlich nie in die Hand genommen. Sie möchten etwas für Ihren Erfolg tun, Sie möchten besser werden – und dazu benötigen Sie eben auch Fleiß. Warum das so ist, möchte ich am Beispiel eines mittelständischen Unternehmens darstellen.

Die traurige Realität – Auftragsabwehr aus Bequemlichkeit

Die Firma, die verstärkt auf regionalen und überregionalen Messen präsent war, wurde zunächst von mir im Rahmen einer Ist-Analyse als stiller Beobachter begleitet. Sie verzeichnete bereits seit sieben Monaten gerade im Messegeschäft Umsatzrückgänge, obwohl das Produkt im norddeutschen Raum praktisch konkurrenzlos war.

Das Unternehmen produziert eine Art Wintergarten, der sich mühelos und mit wenigen Handgriffen in eine teilweise offene Sonnenterrasse umwandeln lässt. Um nachzuvollziehen, an welcher Stelle der an sich positive Kontakt zum Kunden abriss, empfahl ich, den Weg von einer ersten Anfrage bis hin zum konkreten Angebot mit einer Testanfrage detailliert nachzustellen. Das Ergebnis war eindeutig: Als Interessent getarnt suchte ich auf einer Messe zunächst das Gespräch mit einem Verkäufer, der mich nett und umfassend beriet. Ein anschließender Termin vor Ort (das so genannte „Interessentengespräch") wurde nicht vereinbart, da ich gut vorbereitet war und sämtliche benötigten Maße zur Hand hatte. Meine konkrete Anfrage wurde deshalb von dem freundlichen Verkäufer auf dem Messestand mit den Worten: „Das Angebot erhalten Sie in den nächsten Tagen" aufgenommen.

Auf dieses Angebot warte ich noch heute. Und damit war ein entscheidender Punkt gefunden, warum das Unternehmen trotz eines großen Interesses nur wenige Messeabschlüsse tätigen konnte. Es war eine Kombination aus schlechter Messenachbereitung und unprofessionellem Umgang mit dem Angebotswesen.

Konkret sah das in etwa so aus: Die zahlreichen Anfragen wurden von den Verkäufern nach den stets gut besuchten Messen mit in das Unternehmen genommen und landeten zunächst in der Ablage „noch zu bearbeiten". Da insbesondere nach größeren Messen die Zahl der Anfragen immens hoch war, konnte jeder Mitarbeiter nur einen Teil der Anfragen tatsächlich unmittelbar im Anschluss bearbeiten – der Rest blieb oft wochenlang liegen. Irgendwann war dann der Punkt überschritten, an denen in den Augen der Mitarbeiter ein Angebot noch Sinn machte – und die Anfragen wurden wegen „Veraltung" in den Papierkorb geworfen!

Ein weiterer Punkt war der Umgang mit tatsächlich erstellten Angeboten: Hatte das Schriftstück per Post das Unternehmen verlassen, sahen die verantwortlichen Mitarbeiter ihren Part als erfüllt an. Ein (erforderliches!) Nachtelefonieren fand nicht statt, so dass die Abschlussrate im Verhältnis zu den versendeten Angeboten außerordentlich gering war. Die Kunden fühlten sich schlecht betreut und suchten daher bei anderen Unternehmen nach einer Lösung.

Begründet wurde dies Verhalten der Mitarbeiter nicht zuletzt mit der Feststellung, dass man all diese Anfragen ohnehin niemals schaffen könne – und zum Telefonieren bliebe in der vorgegebenen Arbeitszeit kein Raum.

Mehr Verantwortung – mehr Training!

„Denen kündige ich sofort!" war die erste Reaktion des zu Recht empörten Geschäftsführers, als ich ihm meinen Bericht vorlegte. Doch so einfach und „schwarz-weiß" in der Schuldzuweisung sah ich die Angelegenheit nicht. Es stellte sich nämlich in vielen nachfolgenden Gesprächen heraus, dass die zuständigen (und sichtlich überforderten) Innendienstmitarbeiter ursprünglich mit reinen Verwaltungsarbeiten betreut waren – und zum Verkäufer quasi über Nacht „befördert" wurden. Ihr Gehalt hatte sich dadurch zwar erhöht – ihre Qualifikation allerdings nicht. So standen sie in ihrer neuen Position von Anfang an in einem Interessenskonflikt, der sich zwischen fehlender Ausbildung, neuen Machtbefugnissen, Angst vor Versagen und Sorge um längere Arbeitszeiten abspielte. Daran war auch der Arbeitgeber schuld – hatte er doch weder mit Weiterbildungsmaßnahmen, noch anderen Arbeitszeitmodellen – geschweige denn neuen Entlohnungsvarianten auf die veränderte Situation reagiert!

Zur Lösung der Situation wurde im Unternehmen ein grundlegendes Verkaufstraining für die verantwortlichen Mitarbeitern durchgeführt. In einem Wochenendtraining machte ich sie mit den Grundlagen des Verkaufens bekannt und legte dabei auch besonderen Wert auf Timing und Abläufe. Wesentlicher Teil der gemeinsamen Arbeit war es jedoch zunächst, Sensibilität und Bewusstsein für das eigentliche Arbeitsgebiet zu entwickeln, um dann auch die erforderliche Begeisterung für die spannende Aufgabe zu fühlen und zu vermitteln. Im zwei Wochen später anschließenden Training-on-the-job stand noch einmal das telefonische Nachfassen im Mittelpunkt des Interesses, wobei ich hier zu meiner größten Freude bereits feststellen konnte, wie schnell das Wochenendtraining gegriffen hatte.

Interessant war offenbar auch die Veränderung, die inzwischen in den Bereichen Entlohnung und Arbeitszeiten vorgenommen wurde: Zwar erhielten die frisch gebackenen Verkäufer weiterhin ein festes Gehalt, wurden darüber hinaus jedoch über eine ausgeklügelte Provisionsregelung an den Umsätzen beteiligt. Außerdem war das Gehalt an die Bedingung geknüpft, einen Tag im Quartal für Training oder Fortbildung zu nutzen. Auch die neuen, flexibleren Arbeitszeiten trugen zum Erfolg bei.

Piranha Point
Integrieren Sie Ihre persönliche Fort- und Weiterbildung als festen Bestandteil in Ihre Arbeit – in Absprache mit Ihrem Arbeitgeber oder auch eigenverantwortlich. Setzen Sie sich dazu Ziele, die überprüfbar sind!

Das Ergebnis all dieser umfassenden Maßnahmen trug schon ein Vierteljahr später Früchte: Der Umsatz stieg schlagartig wieder an und das Unternehmen konnte weiter expandieren. Bis zum heutigen Tag investiert die Firma daher regelmäßig in das Wissen und Können ihrer Mitarbeiter. Doch auch die Angestellten haben erkannt, dass sich Fort- und Weiterbildung außerhalb der Arbeitszeiten (was natürlich mit viel Fleiß verbunden ist) lohnt – beruflich und privat.

Investieren Sie in Ihr Wissen und Können!

Das Beispiel zeigt es ganz deutlich: Verkaufen ist erlernbar und keine naturgegebene Gnade. Demnach ist auch „besser verkaufen" möglich – vorausgesetzt, Sie selbst bauen Ihr Wissen und Können aus. Ihr Arbeitgeber muss nichts dazu beitragen, er kann es lediglich, wenn er möchte. Dennoch ist gerade in diesem Bereich im deutschsprachigen Raum ein Anspruchsdenken weit verbreitet, das in Europa seinesgleichen sucht. „Wenn mein Chef will, dass ich gut verkaufe, dann soll er auch etwas dafür tun und mich zu Schulungen schicken." Diesen Satz habe ich im Laufe meiner Trainertätigkeit erschreckend oft gehört – wie sollen mit dieser Einstellung erfolgreiche Verkäufer heranwachsen? Man lehnt sich zurück und wartet, dass andere für einen die Initiative ergreifen. Kommt nichts, verändert sich auch nichts, fertig.

Dahinter verbirgt sich ein strukturelles Problem, das speziell in Deutschland Ursache für mangelnden Fleiß und wenig Ausdauer ist: Aus-, Fort- und Weiterbildung ist in unseren Breiten eine Sache des Staates, während beispielsweise in angloamerikanischen Ländern das Individuum allein verantwortlich ist. Nun hat das europäische System, das ja im Interesse der Öffentlichkeit ins Leben gerufen wurde, sicherlich seine gesellschaftliche und sozialpolitische Berechtigung – doch als Motor für individuelles Eigenengagement funktioniert es nur bedingt. Nicht umsonst schimpfen alle über Eigenschaften wie „Beamtenmentalität“ oder „Arbeitnehmerverhalten“ – und meinen damit oft nichts anderes, als Bequemlichkeit, null Initiative und möglichst wenig Veränderung. Denn was seit 20 Jahren praktiziert wurde, wird auch weiterhin funktionieren – meistens jedoch mehr schlecht als recht.

Leider ist auch der Berufsstand des Verkäufers dagegen nicht gefeit. Gerade in Firmen, in denen der Einzelne sich hinter der Masse verstecken kann, kommen die schwarzen Schafe buchstäblich auf ihre Kosten. Allein der Gehaltszettel am Ende des Monats reicht aus, um sie zufrieden zu stellen – berufliches Engagement, Erfolg oder Lust auf mehr sind nicht von Bedeutung.

Dabei ist es doch ganz entscheidend, dass Sie als Verkäufer an der ständigen Weiterentwicklung Ihrer beruflichen und persönlichen Fähigkeiten arbeiten – die Kunden und der Markt verändern sich doch auch! Es reicht eben nicht mehr, ein Produkt zu verkaufen, das vielleicht einmal einzigartig und dadurch marktführend war; entscheidend ist doch, dass Sie sich jetzt in einer anspruchsvollen Wettbewerbssituation befinden und immer noch erfolgreich sind und es auch bleiben wollen! Doch worauf warten Sie noch? Darauf, dass Ihr Arbeitgeber irgendwann einmal feststellt, dass vielleicht ein Verkaufstraining sinnvoll wäre? Sprechen Sie doch Ihren Chef an und weisen ihn auf den Trainingsbedarf hin. Oder ergreifen Sie selbst die Initiative und investieren Sie in Ihre Zukunft – es lohnt sich. Und vergessen Sie nicht, die Devise heißt auch hier: Erst investieren, dann profitieren.

Fleiß – die Rückkehr einer alten Tugend

Zugegeben: Wer regelmäßig an seiner persönlichen Fort- und Weiterbildung arbeitet, hat wahrscheinlich zunächst weniger Freizeit. Doch der Einsatz rechnet sich: Denn als guter Verkäufer klettern Sie die Karriereleiter schneller nach oben, sind mit sich selbst und Ihrem Beruf zufriedener als andere, erfahren mehr Anerkennung und Lob, übernehmen irgendwann zwangsläufig mehr Verantwortung – und können sich dann auch Ihre Arbeits- und Freizeit selbst einteilen. Und wer zudem noch ehrliche Begeisterung für seinen Beruf mitbringt, erlebt wie die richtig guten Piranha Seller Fleiß als etwas Sinnvolles, Kreatives und vor allem Wertvolles.

Das Spektrum von Fleiß ist übrigens so facettenreich und breit gefächert, wie das Berufsbild des Verkäufers selbst: Manch einer beschäftigt sich damit, intensiv die Kunden- und Lieferantendatei zu pflegen. Jedes noch so kleine Detail, das er im Gespräch in Erfahrung bringen konnte, baut er in seine eigene Datenbank ein – auch wenn vieles davon vielleicht nebensächlich oder sinnlos erscheint. Der Preis, der ihm dafür irgendwann einmal winkt, ist unschätzbar wertvoll: Im Gegensatz zu den meisten Kollegen kennt er den Markt mit allen Wünschen und Fakten in- und auswendig – und wird so stets das Kundenbedürfnis befriedigen können, ehe andere es überhaupt erkannt haben!

Piranha Point
Befreien Sie sich von alten Vorurteilen: Fleiß ist für Verkäufer sinnvoll, nachhaltig und unabdingbar!

Fleißige Verkäufer zeichnen sich auch dadurch aus, dass sie besonders ökonomisch mit ihrer Zeit umgehen und diese nur ungern verlieren. So findet man gerade in den Autos von Piranha Sellern oftmals eine ganze Palette weiterbildender Hör-CDs, die sie bei der täglichen Fahrt zum Kunden oder in die Firma anhören. Sie sehen diese scheinbar vertane Zeit auf der Straße als Aufwärmtraining für ihren Job an. Immerhin bringen sich Spitzensportler vorab auch langsam auf Betriebstemperatur, bevor sie richtig durchstarten!

Da es mittlerweile viele gute Fachbücher in Form von Hörkassetten oder Hör-CD's gibt, bietet sich diese Form der Fleißinvestition im Prinzip für jeden Verkäufer im Innen- und Außendienst an – der persönliche Gewinn ist außerordentlich hoch.

Piranha Point
Nutzen Sie jede Minute Ihrer Arbeitszeit optimal aus! Auto- und Bahnfahrten bieten sich hervorragend dazu an, Ihr Wissen zu Fachthemen gezielt mit Hör-Kassetten oder CD's zu erweitern.

Sammeln Sie alle erdenklichen Informationen

Fassen wir noch einmal zusammen: Erfolgreiche Verkäufer sind besonders fleißig, wenn es um Wissen und Weiterbildung in ganz unterschiedlichen Bereichen geht. Besonders sorgfältig kümmern sich Piranha Seller auch um die Kunden selbst – nicht nur im Gespräch vor Ort, sondern vor allem auch am Schreibtisch vor und nach der eigentlichen Verkaufssituation. Denn sie wissen ganz genau: Nur wer den Kunden tatsächlich kennt, wird ihm etwas verkaufen. Recherchieren Sie also, wer die Kunden sind – und zwar nicht nur im direkten Gespräch. Die Möglichkeiten, mehr über Zielgruppen in Erfahrung zu bringen, sind in unserem Computerzeitalter per Mausklick quasi unbegrenzt. Praktisch zu jedem Thema kursieren im Internet Studien, Erfahrungsberichte und Beschreibungen – für jeden abrufbar und oftmals sehr informativ. Auch die örtlichen Handels- oder Handwerkskammern sind ergiebige Informationsquellen. Einmal abgesehen von den monatlich erscheinenden Magazinen über regionale Entwicklungen oder

Aktivitäten veröffentlichen sie regelmäßig ihre Befragungen und Studien zur wirtschaftlichen Situation bestimmter Branchen. Auch am konkreten Weiterbildungsangebot der Kammern erkennen Sie recht gut, was im Moment gerade gefragt ist: Je höher beispielsweise der Anteil an Marketing-Veranstaltungen ist, desto schärfer ist vermutlich die momentane Marktsituation.

Entscheidend ist jetzt, wie Sie mit Ihren Erkenntnissen umgehen. Echte Profis arbeiten mit umfangreichen eigens erstellten Datenbanken, aus denen sie sofort die wichtigsten Informationen abrufen können. Dabei geht es natürlich nicht nur um Adressen und Telefonnummern, sondern um Themen wie Hobbies, persönliche Vorlieben, Geburtstage und vieles mehr. Ein Piranha Seller würde zum Beispiel nie den Geburtstag eines guten Kunden vergessen – eine freundliche Karte oder ein Anruf ist hier das Mindeste. Ist der Kunde ein Freund edler Tropfen, ist eine Flasche Champagner zu besonderen Gelegenheiten ein Muss und eine Investition, die sich lohnt. Beim Kunden kommt diese Form des Kontaktes mit Sicherheit gut an – zeigt es ihm doch, dass der Verkäufer ihn auch außerhalb der eigentlichen Kaufhandlung wertschätzt.

Piranha Point
Bauen Sie sich Ihre eigene Kundendatei auf – mit allen erdenklichen Informationen darin. Über eine Wiedervorlage-Funktion werden Sie sogar rechtzeitig an Termine, die Sie auf gar keinen Fall vergessen dürfen, erinnert. Das kommt garantiert gut an!

Ihre Asse im Ärmel – die persönliche Vorbereitung

Die Kenntnisse über den potenziellen Kunden, seine Unternehmensstruktur, seine Organisation, seine Situation im Markt und Wettbewerb, seine Produkte und Dienstleistungen im B2B-Bereich oder über seine privaten Verhältnisse im B2C-Bereich geben dem Verkäufer die Kompetenz und Sicherheit, den tatsächlichen Bedarf zu erkennen und ein von Anfang an erfolgsorientiertes Verkaufsgespräch zu führen.

Sicherheit im Auftreten und Wissen sind dann Schlüsselfaktoren zum Erfolg beim Kunden. Und genau diese Wahrscheinlichkeit steigt mit der Sorgfalt bei der Gesprächsvorbereitung.

Nehmen Sie sich die Zeit und stellen Sie sich ein mentales Gesprächskonzept zusammen. Dabei geht es darum, das zu erwartende Gespräch in Gedanken durchzugehen, um so herauszufinden, welche Informationen der Kunde braucht, wo vielleicht unangenehme Fragen kommen könnten oder an welcher Stelle am besten bestimmte Produkteigenschaften genannt werden. Diese manchmal recht knifflige Arbeit macht Sinn, da Sie nur so in der Lage sein werden, Ihr Verkaufsgespräch in den einzelnen Phasen aktiv zu steuern. Und davon hängt Ihr Erfolg unmittelbar ab!

Einen ausführlichen Blick sollten Sie vorab auch in Ihre Kundenakte werfen, sofern es sich um einen bereits bekannten Kunden handelt. Ist Ihre Kundenakte gut gepflegt, finden Sie genau hier die jeweils notwendigen und aktuellen Daten für das Gespräch. Nehmen Sie diese aus der Akte heraus und unbedingt zum Gespräch mit – das wirkt nicht nur professionell, sondern ist es auch.

Ebenfalls zu Ihrer persönlichen Vorbereitung gehört das Zusammentragen und Ordnen von Mustern, Modellen oder Abbildungen Ihres Produktes. Eine gut durchgeführte Präsentation erspart langweilige Erklärungen und Diskussionen und hebt den

Wert Ihres Angebotes. Nach meiner persönlichen Erfahrung haben sich vor allem auch Fotomappen, in denen Sie die Produkte dokumentieren, bestens bewährt.

Sach- oder Personenreferenzen, die Sie nennen oder – noch besser – in Form von schriftlichen Statements vorlegen können, geben vielen Kunden Entscheidungshilfen. „Wenn sogar XY dieses Produkt hat, dann muss es gut sein ..." ist ein typischer Gedankengang, der gerade bei etwas unsicheren Kunden wichtige Kaufimpulse auslöst. Hier gilt natürlich: Je bekannter die Referenz ist, desto besser!

Im Zweifelsfall können neutrale Studien oder allgemein bekannte Veröffentlichungen zu bestimmten Themen Ihre Referenzen stützen. Marktberichte, Analysen und Aussagen neutraler Dritter untermauern den Wert Ihres Angebotes und unterstützen Ihre Argumentation als objektive Quelle.

Haben Sie Ihre erforderlichen Unterlagen zusammengetragen und Ihr Gesprächskonzept selbst im Kopf, kommt ein weiterer entscheidender Schritt des Piranha Sellers: Setzen Sie sich ein Ziel! Definieren Sie also vorher, was Sie als Ergebnis aus dem Gespräch mitnehmen wollen. Das muss nicht immer gleich der Auftrag sein! Zwischenziele wie zum Beispiel die Zustimmung des Kunden in Detailfragen, die Vereinbarung eines Termins vor Ort oder neu gewecktes Interesse für andere Produkte oder Dienstleistungen Ihres Unternehmens werden Sie weiterbringen. Ganz wichtig dabei ist: Wählen Sie Ihr Ziel so, dass Sie es – mit einiger Anstrengung – auch erreichen können. Zu hoch gesteckte Ziele (und damit der vorprogrammierte persönliche Misserfolg) frustrieren auf Dauer und bringen Sie nicht weiter.

Piranha Point

Bereiten Sie sich auf jedes Verkaufsgespräch persönlich vor – signalisieren Sie dem Kunden, dass Sie bereits vor dem Gespräch an ihn gedacht haben.

Für ein ausgewogenes Gespräch – analysieren Sie das Unternehmen selbst!

Im B2B-Bereich müssen Sie sich als Verkäufer weitaus häufiger als Branchenkenner outen, als im Umgang mit Endkunden. Von daher ist es hier besonders wichtig, möglichst viele Informationen über das Unternehmen und die Marktfreunde in das Gespräch mitzunehmen.

Zunächst geht es dabei um die Produkt- oder Dienstleistungspalette des Kunden: Zeigen Sie ihm, wie gut Sie sogar im Detail informiert sind. Ihrem Gegenüber signalisieren Sie so, dass Sie ihn und sein unternehmerisches Umfeld wertschätzen und deutlich wahrnehmen. Außerdem ist dieses Wissen logischerweise die Basis für Ihre Bedarfsanalyse.

Nicht immer ganz einfach zu bekommen, dafür jedoch besonders interessant sind die Unternehmensdaten: Geht es einem Unternehmen sichtbar schlechter als im Vorjahr, ist die Wahrscheinlichkeit hoch, dass ein Verkaufsgespräch schwieriger und günstigere Einkaufskonditionen zum einzigen Kaufargument werden. Steigen hingegen Beschäftigungszahlen und Umsätze, sind Rückschlüsse auf einen höheren Bedarf möglich. Unter Umständen können Sie in diesem Fall sogar Ihre bislang gesteckten persönlichen Ziele etwas höher schrauben, ohne dabei den Sinn für Realität zu verlieren.

Besonders Erfolg versprechende Karten hat bei diesem Thema der Verkäufer, der über einen guten Draht zu einem oder mehreren Mitarbeitern einer Firma verfügt, also das bereits angesprochene Netzwerk nützt. Dies setzt natürlich einen engen und gut gepflegten Kundenkontakt voraus, dessen erster Schritt meist die bereits genannte, sorgfältig aufgebaute Datenbank ist. Im vertraulichen Gespräch erfährt man normalerweise mehr über ein Unternehmen, als in Geschäftsberichten oder Imagebroschüren. Gerade die hinter vorgehaltener Hand geflüsterten Gerüchte oder atmosphärischen Veränderungen sind wichtige Indikatoren für die gesamte Unternehmensentwicklung und als Quelle weitaus aussagekräftiger, als offizielle Worte es sein können.

Azubi, Assistent oder Abteilungsleiter – wer ist Ihr Gesprächspartner?

Wenn Sie im B2B-Bereich ein Erstgespräch mit dem Kunden führen, sollten Sie unbedingt vorher in Erfahrung bringen, welche Stellung Ihr Gesprächspartner in der Organisationsstruktur des Unternehmens inne hat. Einmal abgesehen davon, dass diese Information auch viel über Ihre persönliche Anerkennung oder die Ihres Angebotes im Unternehmen verrät, können Sie sich so ideal auf den möglichen Verlauf des Verkaufsgesprächs einstellen. So müssen Sie beispielsweise davon ausgehen, dass bei hierarchisch niedriger gestellten Mitarbeitern eine Entscheidung ganz sicher nicht sofort fällt, da in diesem Fall noch Zusagen „von oben" erforderlich sind. Hier ist es dann besonders wichtig, den Gesprächspartner mit viel Begeisterung für das Produkt oder die Dienstleistung auszustatten, schließlich muss er Ihr Produkt quasi noch einmal beim Vorgesetzten verkaufen. Treffen Sie auf einen Kunden mit allen Kompetenzen, können Sie natürlich ganz anders agieren.

Wichtig ist in jedem Fall, dass Sie sich bei der Terminwahl nach dem Kunden richten und den für ihn günstigsten Zeitraum wählen. Messevorbereitungen, Weihnachtsgeschäft oder Jahresabschlüsse sind, da sie allgemein als Stressphasen gelten, absolut tabu! Diese Termine erfahren Sie vorab im Sekretariat – vorausgesetzt, Sie haben einen guten Draht dorthin.

Was viele Verkäufer nicht beachten: Der Weg zum Chef führt immer an der Sekretärin vorbei! Sie ist es, die Ihre Anrufe entgegennimmt und durchstellt (oder auch nicht); sie macht in vielen Fällen die Terminplanung ihres Vorgesetzten – und oftmals ist es auch ihre Meinung, die der Chef einholt, wenn er sich in einzelnen Fragen nicht ganz sicher ist. Denn die Sekretärin als Mittler zwischen Unternehmensleitung und der Belegschaft verfügt stets über einen großen Überblick und weiß ganz genau, was gerade gefragt ist.

Ignoriert man daher als Verkäufer die zuständige Sekretärin, endet in vielen Fällen die Kundenbeziehung genau hier. Das Sekretariat kann so zum Stolperstein werden, wenn es nicht in die Gesprächskonzeption eingebunden ist. So sollten Sie sich beispielsweise immer die Zeit für einen kurzen Small-Talk mit der Dame im Vorzimmer nehmen. Kleine Aufmerksamkeiten verstärken den positiven Eindruck und funktionieren hervorragend als Erinnerungsstützen bei Nachfassaktionen per Telefon. Und wer sogar zu besonderen Anlässen die „rechte Hand" des Chefs mit bedenkt, hat in Zukunft garantiert gute Karten bei der Terminvergabe!

Piranha Point
Durchleuchten Sie vorab Ihren Gesprächspartner in Bezug auf seine Stellung im Unternehmen und seine Kompetenzen. Vergessen Sie dabei nicht das Vorzimmer– ein guter Draht zur Sekretärin ist die halbe Eintrittskarte zum Chef!

Werden Sie ein aktiver Zuhörer

Wenn Sie mit Ihrer fleißigen Gesprächsvorbereitung bewiesen haben, dass Sie tatsächlich über Biss verfügen, geht es nun in das Verkaufsgespräch selbst. Der zentrale Schritt ist hier die Bedarfsanalyse, denn sie wird über Erfolg und Misserfolg entscheiden. Nur wer den richtigen Bedarf ermittelt (und der ist nicht immer offensichtlich), kann dem Kunden das für ihn richtige Produkt verkaufen. Der Verkäufer muss daher in der Bedarfsanalyse deutlich erkennen, welchen Nutzen der Kunde von einem Produkt oder einer Dienstleistung erwartet. Da in den seltensten Fällen der Kunde von sich aus alle Karten auf den Tisch legt, ist es nun an Ihnen, das Gespräch zu führen und zu lenken.

Entscheidend ist in dieser Anfangsphase mit dem Kunden, das optimale Verhältnis von Fragen und Antworten zu finden. Viele Verkäufer zeigen bereits hier aus Unsicherheit oder Unwissen erste Defizite, indem sie hektisch damit beginnen, die Vorzüge des Produktes oder der Dienstleistung aufzuzählen, ohne in Erfahrung gebracht zu haben, was der Kunde letztendlich will. Doch wie bringt man sein Gegenüber dazu, Informationen von sich selbst und seinem persönlichen oder beruflichen Umfeld preis zu geben?

Die Wahl der richtigen Fragetechnik entscheidet

Den zielgerichteten Fragen des Verkäufers kommt hier eine hohe Bedeutung zu. Echte Piranha Seller wissen daher ganz genau, wann sie welche Frage stellen und wie sie die entsprechende Antwort einzuschätzen haben. Dazu muss man allerdings die verschiedenen Fragearten sehr gut kennen und unterscheiden können. Viele Gespräche geraten in eine Sackgasse, weil es der Verkäufer nicht versteht, den Gesprächspartner durch die richtige Fragetechnik zu aktivieren. Dabei ist es gar nicht so schwer – vorausgesetzt, man kennt die verschiedenen Fragearten, die wir übrigens alle in unserer täglichen Kommunikation bewusst und unbewusst verwenden. Machen Sie sich bitte unbedingt darüber hinaus klar, dass auch Ihr Gegenüber in Fragetechniken versiert ist – und ein spannendes Verkaufsgespräch kann beginnen!

Im Einzelnen unterscheidet man zwischen Informationsfragen, die sich in offene und geschlossene Frageformen aufteilen lassen, und taktischen Fragen.

Offene Fragen – die Informationsquelle par excellence

Offene Fragen sind all jene, die vom Empfänger nicht mit „ja“ oder „nein“ beantwortet werden können. Sie erfordern als Antwort einen Satz oder zumindest ein Wort. Sie eignen sich daher hervorragend dafür, Informationen in größerer Menge in Erfahrung zu bringen. Allerdings erfordern sie ein hohes Maß an Aufmerksamkeit vom Verkäufer. Gerät er an einen erzählfreudigen Kunden, ist höchste Konzentration gefragt, um die wichtigen von den unwichtigen Informationen zu trennen. Bei eher verhaltenen Gesprächspartnern ist Geduld die oberste Tugend. Es gibt nur wenige Menschen, die es schaffen, im direkten Gespräch nicht auf eine Frage zu antworten – vor allem dann nicht, wenn sie offen gestellt wurde.

Offene Fragen beginnen mit einem Fragewort und werden deshalb auch häufig „W-Fragen“ genannt. Typische Satzanfänge dieser Frageart sind Wörter wie Was, Wie, Wo, Wer, Warum, Wann, Welche oder Wie viele. „Wie interessant ist dieses Produkt für Sie?“, „Was interessiert Sie speziell?“ oder „Wer ist bei Ihnen für den Bereich ... zuständig?“ sind offene Fragen, die den Gesprächspartner zu einer ausführlicheren Antwort bewegen sollen. Diese Fragetechnik ist daher während des gesamten Gespräches nützlich, um Ihnen Informationen über Ihren Gesprächspartner, Meinungen oder Bedürfnisse zu liefern, die Sie durch geschlossene Fragen nicht erfahren würden.

Umso erstaunlicher ist für mich als Verkaufstrainer die Erfahrung, dass in der Praxis gerade beim Einsatz der offenen Fragen im Verkaufsgespräch ein enormes Manko vorliegt. Viele Verkäufer wissen offenbar nicht um den Wert offener Fragen – und verzichten unverständlicherweise darauf! Ein Beispiel aus meiner Praxis als Trainer zeigt ganz deutlich den Unterschied zwischen Verkaufsgesprächen, die vom Verkäufer mit offenen Fragen gelenkt werden, und Gesprächen, in denen er darauf verzichtet.

Ohne offene Fragen keinen Gesprächserfolg

Ein überregional arbeitender deutscher Krankenversicherer beauftragte mich damit, einen Blick auf die tatsächlichen Fähigkeiten der Mitarbeiter am Telefon zu werfen, da der Anteil an Neuversicherungen in den letzten Monaten stark zurückgegangen war. Praktischerweise unternahm die Versicherung gerade eine groß angelegte Aktion, um anderweitig versicherte Ehepartner von Mitgliedern anzuwerben. Da man regelmäßig Kundendaten erhob, war man über diese fremdversicherten Ehefrauen und -männer gut informiert.

In der Ist-Analyse konzentrierte ich mich zunächst auf die Telefonate, die von den Mitarbeitern zur Akquise geführt wurden. Im Einzelnen lief das wie folgt ab: der nicht versicherte Ehepartner wurde angerufen und – wenn man ihn überhaupt persönlich ans Telefon bekam – mit einer Einstiegsfrage auf das Thema vorbereitet. Diese Frage sah in der Regel so aus: „Guten Tag, Herr/Frau ..., wir haben unseren Unterlagen entnommen, dass Sie noch nicht bei uns versichert sind. Jetzt wollte ich mal fragen, ob Sie nicht auch zu uns kommen möchten ...“ Daraufhin gab es drei Möglichkeiten: Antwortete der Befragte mit nein, war der Mitarbeiter der Krankenversicherung oft so eingeschüchtert, dass kein weiteres Gespräch mehr stattfand. Kam die Antwort „ich weiß nicht ...“ wurde angeboten, Informationsmaterialen zuzuschicken – und das Gespräch beendet. Entstand zufällig doch ein kurzes Gespräch, indem der Befragte erläuterte, warum er woanders versichert ist, brachte spätestens die Frage „Ja sind Sie denn dort zufrieden?“ den Dialog zum Erlahmen – und auch dieses Gespräch fand einen negativen Ausgang.

Diese Vorgehensweise, die hier von den Mitarbeitern an den Tag gelegt wurde, zog sich durch alle Gespräche: Stets kamen geschlossene Fragen zum Einsatz, von offenen Fragen keine Spur. Darüber hinaus bemerkte ich, dass viele der zu gewinnenden Ehepartner nicht persönlich erreichbar waren – und die Mitarbeiter deshalb einfach mit anderen Familienmitgliedern ihr Anliegen besprachen!

Piranha Point
Sprechen Sie nicht *über* den Entscheider, sondern *mit* dem Entscheider!

Doch das Drama ging noch weiter: Die Personen, denen im Telefonat Unterlagen versprochen worden waren, erhielten diese zwar umgehend, wurden dann jedoch erst zwei oder drei Monate später wieder kontaktiert! Der Einstieg in diese Nachfass-Telefonate war dann wieder denkbar ungünstig und begann meist mit den Worten „Haben Sie unsere Info-Materialien erhalten?“ oder „Fanden Sie unsere Unterlagen, die wir Ihnen vor einiger Zeit zugesandt haben interessant?“ – also auch hier wieder geschlossene Fragen. Es war zu erwarten, dass auch diese Gespräche praktisch nichts einbrachten und meist mit einer klaren Absage des potenziellen Kunden endeten. Das Desaster war perfekt.

Offene Fragen als Schlüssel zum Kunden

Ich begann damit, die Mitarbeiter der Krankenversicherung in einem Ein-Tages-Training für das Thema „offene Fragen“ zu sensibilisieren und mit Ihnen gezielte Fragen für die Ehegattengewinnung als Neukunden zusammen zu stellen. Danach hatten die Mitarbeiter zwei Wochen die Möglichkeit, diese in der Praxis einzusetzen – ehe ich im Training-on-the-job wieder zu ihnen stieß.

Die Veränderung war von Anfang an spürbar: Die Mitarbeiter hatten das Prinzip der offenen Fragen verstanden, als echte Chance aufgenommen und bauten nun konsequent auf diese Technik. In der Praxis sah dies so aus, dass der Gesprächseinstieg mit Sätzen wie „Wann haben Sie das Informationsmaterial erhalten?“ (um den

Gesprächspartner in das Gespräch zu holen und zum Nachdenken zu bringen), „Wie interessant ist das Angebot für Sie?“ oder „Was hat Sie besonders interessiert?“ eingeleitet wurde. Selbstverständlich wurden diese Fragen ausschließlich den betroffenen Entscheidern gestellt. Außerdem schafften es die frisch trainierten Verkäufer, das gesamte Gespräch mit weiteren offenen Fragen lebendig zu halten, so dass im Ergebnis innerhalb kurzer Zeit weit mehr Abschlüsse erzielt wurden, als bislang.

Nach einem weiteren Fresh-up-Training zwei Monate später konnte ich mit den stolzen Mitarbeitern erste Erfolgszahlen verifizieren: War es ihnen vor dem Training nur in jedem fünften Gespräch überhaupt gelungen, mehr als zwei Sätze mit dem Gesprächspartner auszutauschen, so entwickelte sich nun jeder zweite Anruf zu einem interessanten und längeren Gespräch. Davon gelang es in 37 Prozent der Fälle, die Ehegatten in Neuversicherte umzuwandeln – für die Krankenkasse ein großer Erfolg.

Piranha Point
Sollte Ihnen das jetzt schwierig erscheinen, fertigen Sie sich vor den ersten Gesprächen einen Katalog mit offenen Fragen an, der Ihnen für den Anfang eine Hilfestellung gibt. Jedoch sollten Sie *während* des Verkaufsgespräches nicht allzu sehr an diesem Katalog festhalten, um nach wie vor authentisch zu wirken.

Keine Angst vor der Antwort!

Die von mir betreute Krankenkasse ist in punkto offene Fragen leider kein Einzelfall. In meiner langjährigen Tätigkeit als Verkaufstrainer muss ich immer wieder feststellen, dass speziell in diesem Bereich bei mehr als 90 Prozent der Fälle die Ursache für Misserfolge liegt! Eigene Studien brachten ans Licht, dass offenbar die unbewusste Angst vor Kontrollverlust oder auch ganz konkret vor der Antwort des Gesprächspartners dazu führt, dass Verkäufer sich auf das vermeintlich sichere Terrain der geschlossenen Fragen begeben. Dabei findet dieser Kontrollverlust in der Realität praktisch nie statt. Zugegeben, manches Mal gibt es unerwartete Rück- oder Gegenfragen des Gesprächspartners, die man auf Anhieb nicht beantworten kann. Doch liegt nicht auch hier ein immenses Potenzial für Ihr Verkaufsgespräch?

Auch die Antwort selbst sollte Ihnen keine Angst machen. Denn was kann Schlimmeres passieren, als dass Ihr Gegenüber auf eine Frage wie „Was hat Ihnen denn an unserem Angebot besonders gut gefallen?“ mit einem lakonischen „Gar nichts!“ antwortet? Eine solche scheinbar negative Antwort ist doch wiederum eine wunderbare Basis, um den tatsächlichen Bedarf des Kunden noch einmal abzufragen und dann die Vorzüge Ihres Angebotes gezielt darzustellen!

Piranha Point
Bewerten Sie jede Äußerung des Kunden als Chance für sich selbst. Denn ganz gleich, wie er Ihre offene Frage beantwortet – stets erfahren Sie etwas über den Kunden selbst, seine Art, seinen Bedarf und seine Möglichkeiten.

Geschlossene Fragen – manchmal notwendig, selten effizient

Als geschlossene Fragen werden diejenigen bezeichnet, die mit „ja“ oder „nein“ beantwortet werden können. Im Gegensatz zur offenen Frage bezieht die geschlossene den Gesprächspartner also nicht aktiv in das Gespräch mit ein, sondern dient nur dazu, Informationen noch einmal zu überprüfen, die Sie bereits in Erfahrung gebracht haben. Mit geschlossenen Fragen würde man also zum Beispiel Informationen verifizieren wie „Ist das interessant für Sie?“ und „Haben Sie die Unterlagen erhalten?“

Wie auch immer geschlossene Fragen gestellt werden – entscheidend ist jedoch, dass diese Fragen den Gesprächspartner in seiner Antwortfreiheit einschränken. Piranha Seller benutzen geschlossene Fragen im Verkaufsgespräch eher selten, da sie ihnen zu wenig Informationen geben. Denn das Wissen um die Bedürfnisse des Kunden lässt sich nicht mit einem einfachen „Ja" oder „Nein" erfragen.

Mit taktischen Fragen die Richtung vorgeben

Taktische Fragen setzt der Piranha Seller im Verkaufsgespräch nur mit sehr viel Fingerspitzengefühl ein, da diese den Gesprächspartner in eine bestimmte Richtung bewegen beziehungsweise drängen. Ein Piranha Seller will jedoch dem Gesprächspartner die Möglichkeit der freien Entscheidung geben.

Was ich in meinen Trainings-on-the-job immer wieder feststelle, ist, dass gerade geschulte Gesprächspartner versuchen, den Verkäufer mit taktischen Fragen aus dem Konzept zu bringen. Deshalb gehe ich im weiteren Verlauf auf einige dieser Fragen ein, um Ihnen als zukünftigen Piranha Seller auch in diesem Bereich Sicherheit zu geben. Sollten sie jedoch von Ihrer Seite aus zum Einsatz kommen, entscheidet die Dosierung – bitte nur in homöopathischen Dosen. Da man oftmals den Wissens- beziehungsweise Trainingsgrad des Gesprächspartners nicht kennt, können taktische Fragen in eine Sackgasse führen.

Die Suggestivfrage – der „Klassiker" in der Verkäufersprache

Eine der häufigsten taktischen Fragearten ist gleichzeitig das „Schwarze Schaf": die Suggestivfrage. Sie unterstellt dem Befragten eine Meinung, um ihn so in eine bestimmte Richtung zu lenken. Wörter wie „denn", „bestimmt", „etwa", „doch" oder

„sicher“ deuten stets auf Suggestivfragen hin. Ein typisches Beispiel ist hier die Frage: „Sie sind doch sicher auch der Meinung, dass ...“.

Suggestivfragen werden vom Kunden dann als unangenehm, manipulativ und manchmal sogar belästigend empfunden. Die Folgen liegen auf der Hand: Der Kunde zieht sich zurück und dem gesamten Verkaufsgespräch wird unter Umständen die mühsam aufgebaute vertrauensvolle Basis entzogen!

Die Gegenfrage – ein „probates“ Mittel in der Abwehrschlacht

Die Gegenfrage vermeidet oder verschiebt die Antwort auf eine Frage des Kunden. Typische Beispiele hierfür sind „Worauf genau bezieht sich Ihre Frage?“ oder „Wie meinen Sie das?“. Sie zwingen den Gesprächspartner dazu, entweder vom Kern der Sache ein wenig abzuschwenken, noch einmal den eigentlichen Grund der Frage darzustellen oder sie verständlicher zu formulieren.

Wenn Sie eine Gegenfrage stellen, müssen Sie sich jedoch der Gefahr bewusst sein, dass der Gesprächspartner aggressiv reagiert. Gegenfragen kommen beim Empfänger stets mit etwas mehr Druck an und zwingen ihn schließlich dazu, die ursprüngliche Formulierung zu verändern. Deshalb sollten Sie ganz besonders darauf achten, dass Ihre Stimme ruhig und sachlich bleibt und Sie den Blickkontakt freundlich und offen halten.

Beim Telefongespräch ist dies natürlich nur bedingt möglich. Gegenfragen werden in dieser Gesprächssituation daher besonders oft als unangenehm empfunden. Setzen Sie auch diese taktische Frage daher nur im äußersten Notfall ein, um ungewollten Missverständnissen oder Misstönen vorzubeugen. Besser ist es, an dieser Stelle die Gesprächssituation nochmals kurz zusammenzufassen und eine anschließende offene Frage zu stellen.

Die rhetorische Frage – die „eloquente" Art, nicht zu fragen

Die rhetorische Frage ist eigentlich gar keine! Streng genommen ist sie Blendwerk, eine Scheinfrage, auf die keine oder eine ganz bestimmte (und zwar nur die eine!) Antwort erwartet wird. Rhetorische Fragen sind daher insbesondere auch bei Rednern ein beliebtes Stilmittel, um die Zuhörer auf ein Thema einzuschwören oder zum Mitdenken zu animieren. „Jetzt plant die Geschäftsleitung eine Umstellung der Produktion. Wollen wir uns das wirklich gefallen lassen?" ist eine ebenso typische Variante dieser Frageform wie „Sind wir nicht alle an einem reibungslosen Ablauf des Geschäfts interessiert?"

Im Verkaufsgespräch sollte auch der Einsatz der rhetorischen Frage sehr wohl dosiert erfolgen. Unglücklich formulierte rhetorische Fragen wirken schnell hölzern oder aufgesetzt – und wer den Tonfall nicht beherrscht, wirkt entweder albern oder aufdringlich.

Die Motivationsfrage – „neuer Schwung" im Gespräch

Nicht immer laufen Verkaufsgespräche reibungslos und in einem Fluss ab. Auch erfahrene Verkäufer erleben es ab und zu, dass Ihr Gesprächspartner aus irgendwelchen Gründen gelangweilt, desinteressiert oder unkonzentriert ist. Nicht immer liegt hier die Schuld beim Verkäufer – private oder berufliche Schwierigkeiten, Stress oder Übermüdung können ebenfalls Ursachen sein.

Um dies herauszufinden, bedienen sich Piranha Seller einer Fragetechnik, die den Kunden wieder in das Gespräch zurückholen soll: die Motivationsfrage. Interessiert sich der Kunde tatsächlich für das Angebot und lehnt er den Verkäufer oder die Gesprächssituation nicht per se ab, wird er nach dieser Frage wieder aktiv in das Gespräch zurückkehren. Typische Motivationsfragen sind Formulierungen wie „Was sagen Sie als Fachmann zu dieser neuen Entwicklung?“ oder „Wo haben Sie sich dieses erstaunliche Fachwissen angeeignet?“.

Die Motivationsfrage packt den Kunden bei seiner Ehre – wird er doch entweder aufgefordert, von eigenen Glanzleistungen zu berichten, oder sie stellen unterschwellig seine Fachkompetenz heraus. Allerdings sollten Sie darauf achten, Motivationsfragen möglichst sachlich und neutral zu stellen. Ein zu vertraulicher oder unterwürfiger Tonfall wird schnell als Anbiederung oder umgangssprachlich „Schleimerei“ empfunden – und das wäre natürlich für Ihr Verkaufsgespräch kontraproduktiv.

Die Alternativfrage – ex oder hopp!

Die Alternativfrage stellt zwei Möglichkeiten zur Wahl und klammert andere Antworten aus. Sie ist eine der taktischen Fragen, die der Piranha Seller immer wieder einmal einsetzt, allerdings gilt auch hier: Die Dosierung entscheidet!

Eines der wichtigsten Einsatzgebiete ist zum Beispiel die konkrete Terminvereinbarung. „Ist es Ihnen lieber am Dienstag um 8.30 Uhr oder am Donnerstag um 14.00 Uhr?“ ist eine typische Variante dieser Art, die nicht die Möglichkeit einer Absage oder einer lästigen Verschiebung nach hinten zulässt. Alternativfragen sind daher eine Möglichkeit, um im Gespräch Entscheidungen zu erreichen; sei es bei Terminen, Produkten, oder anderen Vereinbarungen.

Und nun noch ein psychologischer Tipp: Setzen Sie zum Beispiel Ihren Wunschtermin immer an das Ende der Frage, denn das zuletzt Gesagte bleibt beim Gesprächspartner eher im Gedächtnis haften.

Die „Ja-Frage" – ein überschätzter Klassiker

Das Prinzip der „Ja-Fragen“ ist einfach, jedoch heutzutage nicht mehr wirkungsvoll: Als Verkäufer stellen Sie dem Kunden mehrere Fragen unmittelbar hintereinander, die direkt auf den vermeintlichen Nutzen hinführen sollen. Jede dieser Fragen ist so gestellt, dass der Kunde mit „ja“ antworten muss. Das könnte sich zum Beispiel so anhören: „Sie haben doch bisher mit unseren Service-Leistungen gute Erfahrungen gemacht?“ – Ja – „Und Sie möchten Ihre Büroorganisation in Zukunft also noch mehr verbessern?“ – Ja – „Möchten Sie das am liebsten sofort?“ – Ja.

Diese Technik ist mittlerweile veraltet, und doch wird sie von einigen Verkaufstrainern immer noch als Allzweckwaffe gepriesen. Nun mal ganz ehrlich: Ist diese Technik nicht hochgradig manipulativ? Und wer degradiert den Kunden schon gerne zum „Ja-Sager“? Außerdem hat der Kunde zwischenzeitlich längst erkannt, welches Spiel mit ihm getrieben wird. Deshalb mein Tipp: Hände weg von dieser Technik!

Mit Sicherheit gibt es noch eine ganze Reihe weiterer taktischer Fragen, doch wie bereits erwähnt, bevorzugen Piranha Seller vor allem offene Fragen und wenden sich nur in Ausnahmefällen den taktischen Frageformen zu.

So gehen Sie souverän mit kritischen Situationen in der Fragephase um!

Wenn Sie als Piranha Seller daran gearbeitet haben, durch gezieltes Fragen auf den Kunden einzugehen und so seine Situation und seine Bedürfnisse einschätzen können, haben Sie bereits viel geleistet. Je nachdem, wie weit Sie gekommen sind, stehen Sie nun vor der entscheidenden Phase des Verkaufsgespräches! Sollte der Weg dorthin allerdings nicht so reibungslos gewesen sein, könnte dies an

Störungen im Frage- und Antwortspiel gelegen haben, die Ihnen vielleicht gar nicht bewusst sind.

Ein typischer Aspekt ist hier bei vielen Verkäufern, dass ihre Fragen auswendig gelernt oder abgelesen wirken. Wenn Sie selbst mit diesem Vorwurf konfrontiert werden, wenden Sie sich im Zweifelsfall an eine Person Ihres Vertrauens und üben Sie Fragen zu stellen.

Oft beobachte ich in der Praxis das Phänomen, dass Verkäufer ihre Fragen stakkatohaft hintereinander stellen. Dahinter verbirgt sich natürlich der Wunsch nach möglichst viel Information – der Kunde fühlt sich jedoch unangenehm ausgefragt. Lassen Sie den Kunden erzählen – meist kommt er ganz von selbst zum zentralen Thema!

Verbissene Verkäufer, die unter hohem Leistungsdruck stehen und darauf angewiesen sind, möglichst schnell zum Abschluss zu kommen, vermitteln oft den Eindruck, dass die Antworten des Kunden gar nicht mehr von Interesse sind. Auf jede Antwort folgt eine weitere Frage, die in keiner Weise auf das soeben Gesagte eingeht – und damit den Sinn des Gespräches komplett in Frage stellt. Gehen Sie also sorgsam und wertschätzend mit den Worten des Kunden um, damit er sich nicht konsterniert zurückzieht.

Oftmals lassen Fragen von Verkäufern auch erkennen, dass sie die wahren Bedürfnisse des Kunden nicht richtig einzuschätzen wissen. Wenn Sie Glück haben, geraten Sie in diesem Fall an einen freundlichen und geduldigen Menschen, der Ihrem Wissensdefizit gern auf die Sprünge hilft. Ausgehen sollten Sie jedoch vom ungeduldigen, fordernden Kunden, der diese Unkenntnis von vorne herein als K.O.-Kriterium bewertet. Oft verraten sich Verkäufer auch mit Fragen, deren Sinn für den Gesprächspartner unklar ist. Er wird ungeduldig und bricht das Gespräch möglicherweise vorzeitig ab. Hier hilft nur eines: Seien Sie fleißig und bereiten Sie sich bis ins Detail vor!

Auf Fragen folgen Antworten...

Die besten Fragetechniken nützen Ihnen jedoch wenig, wenn Sie nicht wissen, wie Sie mit den Antworten umzugehen haben! Einfach zuhören genügt nicht!

Immer wieder bemerke ich, dass viele Verkäufer beim Umgang mit Kundenantworten ihren ausschließlichen Fokus auf den eigenen Maßstab legen. Das passiert meist unbewusst: Man stellt eine Frage und malt sich insgeheim aus, in welcher Form die Antwort ausfallen müsste. Wird sie jedoch anders kommuniziert als erwartet, fällt es einem schwer, richtig damit umzugehen. Die Folge sind Fehleinschätzungen, Unachtsamkeiten und Unkonzentriertheit – alles Dinge, die beim Kunden denkbar schlecht ankommen.

In meinen Trainings empfehle ich den Teilnehmern daher immer, nicht nur das zielgerichtete Fragen zu üben, sondern auch aktiv daran zu arbeiten, aufmerksam zuzuhören. Dass dieser Bedarf tatsächlich besteht, wird den Teilnehmern spätestens nach einer Übung klar, die ich zu diesem Thema einleitend gern durchführe: Ich erzähle ihnen zum Beispiel eine kurze Geschichte von einem Menschen, der sich mit merkwürdigen Verhaltensweisen und ungewöhnlichem Geschäftsgebaren einigermaßen erfolgreich durchs Leben schlägt. Anschließend bitte ich Teilnehmer, diese Geschichte mit eigenen Worten schriftlich festzuhalten und lasse die kleinen Aufsätze dann vorlesen.

Das Ergebnis ist immer wieder verblüffend: Bei 12 Teilnehmern hören wir tatsächlich 12 verschiedene Geschichten! Denn natürlich erzählt jeder aus seiner ganz persönlichen Perspektive, verarbeitet dabei bewusst oder unbewusst eigene Erfahrungen und Wertungen – und beurteilt dementsprechend auch die Verhaltensweisen anderer. In den nacherzählten Geschichten ist die Hauptperson beim einen ein Held, beim anderen ein Verlierer; die Geschäfte für manche witzig, für die nächsten unseriös und so weiter.

Richtig zuhören ist eine aktive und positiv gestimmte Tätigkeit!

Nach dieser Übung verstehen die Teilnehmer meiner Trainings meist ganz genau, warum das Thema „Aktives Zuhören" bei mir einen so hohen Stellenwert einnimmt. Anhand der verschiedenen Versionen meiner Eingangsgeschichte fällt es relativ leicht, die unterschiedlichen Aspekte des richtigen Zuhörens herauszuarbeiten.

Zunächst muss Ihnen als aktiver Zuhörer stets eines bewusst sein: Bewerten Sie nur den Inhalt dessen, was Sie hören, und nicht die Art der Darstellung. Sie sind dann ein ungeübter Zuhörer, wenn Sie bei langweiligen Gesprächspartnern abschalten und Ihnen dadurch wichtige Inhalte verloren gehen! Die Kunst der lebendigen und ansprechenden Rede ist nun einmal nicht jedem gegeben und sollte daher kein Maß für den Grad Ihrer Aufmerksamkeit sein. Außerdem wissen schlechte Redner oft selbst um ihr Defizit und werden noch unsicherer, wenn sie spüren, dass auch Sie innerlich abschalten. Als Piranha Seller darf Ihnen diese Unachtsamkeit nicht unterlaufen!

Zugegeben, nicht immer ist alles interessant, was der Gesprächspartner äußert. Doch auch hinter langweiligen Fassaden verbirgt sich oft ein spannendes und für Sie durchaus aufschlussreiches Innenleben! Schalten Sie deshalb bei vermeintlich uninteressanten Themen nicht ab, sondern konzentrieren Sie sich darauf, welche Informationen Sie im weiteren Gespräch erfahren können.

Ganz gleich, was Ihr Gegenüber Ihnen gerade erzählt – arbeiten Sie als aktiver Zuhörer mit, indem Sie in Körperhaltung, Gestik und Mimik Aufmerksamkeit zeigen. Das kann ein bestätigendes Nicken in regelmäßigen Abständen sein, ein leichtes Neigen des Kopfes oder auch ein freundliches Lächeln. Der passive Zuhörer zeigt keinen Einsatz und täuscht seine Aufmerksamkeit vor.

Ihre Meinung ist jetzt nicht gefragt!

Ein typischer Fehler, der Zuhörern in allen Situationen immer wieder passiert, ist das vorzeitige Beurteilen soeben aufgenommener Informationen. Wer richtig zuhört, bleibt jedoch zurückhaltend – auch wenn er vielleicht völlig anderer Meinung als der Gesprächspartner ist. Leicht scheint dies jedoch nicht zu sein; nicht umsonst füllen eine Reihe von Ratgebern genau zu diesem Thema die Regale der Buchhandlungen. Offenbar ist es ein Verhaltensmuster, möglichst schnell und unüberlegt Gehörtes zu kommentieren und zu bewerten, um dann möglicherweise sogar in ein Streitgespräch einzusteigen.

Im Verkaufsgespräch (und nicht nur da!) ist es jedoch ganz entscheidend, als Zuhörer erst dann zu urteilen, wenn Sie sämtliche Informationen des Kunden angehört haben. Alles andere wäre voreilig und macht Sie dadurch in Ihrer Position angreifbar!

Dazu gehört natürlich ein gewisses Maß an Toleranz, da Sie als aktiver Zuhörer auch auf emotional geprägte Aussagen zunächst nicht reagieren sollten. Denn nicht immer sind Dinge tatsächlich so gemeint, wie sie gesagt werden! Als fairer und toleranter Zuhörer sollten Sie deshalb Subjektives richtig einordnen und unter keinen Umständen auf sich persönlich beziehen.

Erkennen Sie, worauf es wirklich ankommt!

Manchmal fällt es in der Tat schwer, einen wichtigen Aspekt aus den vielen Einzelinformationen, mit denen Sie der Gesprächspartner konfrontiert, herauszuhören. Doch es ist wichtig, auf den Kern der Sache zu lenken und nicht an einzelnen Fakten hängen zu bleiben. Sonst könnte es Ihnen passieren, dass Sie vor lauter technischen Neuheiten komplett überhören, dass der Kunde zum Beispiel eher an Service-Leistungen und nicht am Produkt an sich interessiert ist. Ein Angebot, das dies nicht berücksichtigt, hätte also keine Chance!

Ganz gleich, wie viel Ihr Gegenüber erzählt – machen Sie nicht den Fehler, sich jedes noch so kleine Detail zu notieren. Der aktive Zuhörer konzentriert sich so auf den Kunden, dass er nur wenige Gedankenstützen benötigt, um die Situation später rekapitulieren zu können. Außerdem vermeiden Sie so, dass Sie den Gesprächspartner buchstäblich aus den Augen verlieren, da Sie mit hektischen Mitschriften beschäftigt sind. Vertrauen Sie also Ihrem eigenen Verstand – er wird sich genau *das* merken, was für Sie wichtig ist!

Besonders unangenehm sind Gesprächssituationen für den Kunden, in denen Ablenkungen von außen seine Ausführungen irritieren oder unterbrechen. Sorgen Sie also dafür, dass diese nicht stattfinden und konzentrieren Sie sich auch bei Rednerschwächen auf das Gegenüber. Zeigen Sie deutlich, wie sehr Sie sich auf ihn konzentrieren. Deshalb gilt: Klingelnde Handys und andere externe Störungen sind im Gespräch ebenso tabu, wie abschweifende Blicke zu Kleidungsstücken oder zur Einrichtung des Kunden.

Auch aktives Zuhören ist Training – und zwar für den Kopf

Lehnen Sie komplexe Sachverhalte ab und bevorzugen Sie dagegen eher einfache Themen? Dann ist genau an dieser Stelle Training erforderlich! Denn als aktiver Zuhörer empfinden Sie schwierige Zusammenhänge als eine Herausforderung, die Ihren Verstand wach hält. Diese positive Grundeinstellung sieht man Ihnen an – auch wenn dem Kunden vielleicht sogar klar ist, dass seine Worte nicht unbedingt Ihr Fachgebiet darstellen.

Piranha Point

Hören Sie immer aktiv zu! Vermeiden Sie Ablenkungen, voreilige Bewertungen und Intoleranz und konzentrieren Sie sich mit allen Sinnen auf das, was der Gesprächspartner Ihnen sagen möchte!

Schlüsselwort Kundennutzen – nur das interessiert!

Keine Frage, Sie kennen Ihr Produkt oder Ihre Dienstleistung in- und auswendig. Und Ihnen ist auch klar, wo darin der persönliche Nutzen für Sie selbst liegen könnte. Nur: Geht dem Kunden das auch so? Sie haben zwar im Verkaufsgespräch seinen Bedarf erkannt und abschließend auf den Punkt gebracht – ist ihm deshalb jedoch bewusst, warum er gerade *Ihr* Produkt kaufen soll?

Es macht daher keinen Sinn, nur die Vorteile des Produktes oder der Dienstleistung aufzuzählen, ohne den speziellen Nutzen für den Gesprächspartner herauszuarbeiten! Machen Sie sich also in allen Gesprächsphasen klar, was der Kunde von Ihrem Angebot hat. Denn eine Produkteigenschaft *ohne* unmittelbaren oder langfristigen Nutzen für den Gesprächspartner hat keine Relevanz!

Das Nutzenversprechen ist für den Kunden der entscheidende Impuls, durch den er vom Interessenten zum Käufer wird. Damit Sie als Verkäufer überhaupt so weit kommen, müssen Sie nicht nur Ihre Vorarbeiten und Fragetechniken für die Bedarfsanalyse optimal durchgeführt haben, sondern auch hier strategisch sinnvoll vorgehen.

Denn um den Gesprächspartner dazu zu bringen, Ihr Produkt oder Ihre Dienstleistung zu kaufen, müssen Sie die Argumente, die für Ihr Angebot sprechen, sehr gut kennen und diese auch verständlich vermitteln. Zudem ist es unabdingbar, dass Sie dem Kunden vor allem verdeutlichen, was *ihm* diese Vorteile für einen *Nutzen* bringen.

An dieser Stelle des Verkaufsgespräches sollten Sie stets Satzkonstruktionen und Worte wählen, die dem Kunden vermitteln, dass Sie tatsächlich mit Ihrem Angebot seine Wünsche und Bedürfnisse befriedigen können. Formulierungen wie „... das bedeutet, dass Sie ...“, „... was Ihnen zeigt, dass ...“, „... Sie erreichen damit ...“ oder

„... das bringt Ihnen ...“ sind typisch und unerlässlich für diese Gesprächsphase.

Um nun aus der Rolle des Informierenden wieder in die Rolle des aktiven Zuhörers zu kommen, ist es an dieser Stelle entscheidend, ab und an eine offene Frage hinzuzufügen. Eine mögliche Frage ist zum Beispiel „... wie interessant ist das für Sie?“ oder „... wie sehen Sie das?“. Mit dieser abschließenden Frage erfahren Sie, ob der Gesprächspartner von dem Nutzen begeistert ist. Wenn Sie es nun schaffen, mehrere positive Reaktionen zu erhalten, rückt der Verkaufsabschluss in greifbare Nähe.

Piranha Point
Verkaufen Sie dem Kunden niemals das Produkt oder die Dienstleistung allein, sondern begeistern Sie ihn vor allem für den Nutzen!

Einwände sind kein Grund zur Aufregung!

Auch echte Piranha Seller erleben es hin und wieder: Sie haben sich perfekt auf das Verkaufsgespräch vorbereitet, alle Fragen und Argumente zurecht gelegt und eingebracht und waren bereits bis zur entscheidenden Phase vorgedrungen – und dann kam einer der berühmt-berüchtigten Einwände wie etwa der angeblich überhöhte Preis. Wer jetzt die Flinte ins Korn wirft, verkennt die Situation und lässt sich die einmalige Chance zum erfolgreichen Verkaufsabschluss entgehen. Allerdings ist es dazu erforderlich, dass Sie als Piranha Seller mit Einwänden von Kundenseite souverän und stets gleichbleibend freundlich umgehen können, was nicht jedem leicht fällt. Doch es lohnt sich, den Umgang mit Einwänden gezielt zu trainieren.

Eine der Techniken, die sich bei der Einwandsbehandlung bewährt hat, besteht darin, den Einwand in einen Vorteil umzuwandeln. Die

Kunst liegt hier in der Formulierung. „Genau deshalb ...“ und „gerade weil ...“ sind hier typische Satzanfänge, mit denen Sie Gegenargumente des Gesprächspartners entkräften können.

Bewährt hat sich vor allem die offene Fragetechnik, mit der Sie nahezu jeden Einwand mühelos zum Gesprächspartner zurückgeben können. Dies möchte ich im Folgenden an einem der häufigsten Einwände näher beschreiben.

Stellen Sie sich einmal vor, Sie haben es geschafft, dem Kunden das Nutzenversprechen ausführlich darzustellen und Sie konnten alle Einwände effektiv entkräften. Der ideale Zeitpunkt für den eigentlichen Abschluss ist in greifbare Nähe gerückt – und der Kunde zieht den Preis-Joker. „Zu teuer“ heißt es dann oder in abgeschwächter Form „ich würde ja gerne, aber der Preis ...“

Hier besteht nun die Möglichkeit, mit einer geschickt gewählten offenen Frage den Einwand zu entkräften: „Womit vergleichen Sie das Angebot?“, „... im Verhältnis wozu?“, „Wonach beurteilen Sie den Wert?“ sind nur einige Möglichkeiten, mit denen der Piranha Seller arbeitet. Und damit schließt sich der Kreis dieser Fragetechnik, die im gesamten Verkaufsprozess zu der Schlüsseltechnik im Piranha Selling® wird.

Selbstbewusstsein – die innere Kraft

Zugegeben, dies alles erfordert eine gehörige Portion Selbstbewusstsein. Denn um erfolgreich mit Kunden umgehen zu können, im Gespräch Positionen einzunehmen oder zum Abschluss eines Kundentermins den richtigen Zeitpunkt für den tatsächlichen Verkauf zu erkennen und ihn dann auch festzulegen, brauchen Sie das gewisse Etwas, das Ihnen den Rücken stärkt: Selbstbewusstsein. Nun ist dieser Begriff durch die psychologische Forschung in vielerlei Hinsicht durchleuchtet, diskutiert und mit Inhalten gefüllt worden. Auch ist den meisten Menschen die Unterscheidung zwischen Selbstbewusstsein und Selbstvertrauen nicht geläufig. Um an dieser Stelle jedoch seitenlange Definitionen zu vermeiden, habe ich mich dazu entschlossen, den Begriff „Selbstbewusstsein“ in seiner landläufigen Bedeutung zu benutzen und ihn in meinem Sinne – also aus der Sicht des Verkäufers – auszulegen.

Im Lexikon ist diese für den Piranha Seller so wichtige Eigenschaft zunächst lapidar mit den Worten „Wissen vom eigenen Bewusstsein“ erklärt. Sucht man im Wörterbuch der Psychologie, findet man etwas mehr. So wird hier die Tatsache erwähnt, dass Selbstbewusstsein der Schlüssel zu Optimismus und Zufriedenheit ist – erzeugt durch die Bestätigung und Anerkennung, die uns andere Menschen entgegenbringen.

Für einen Verkäufer stecken in diesen wenigen Sätzen Informationen und Wahrheiten von unschätzbarem Wert! Denn im Prinzip bringen sie genau jene Eigenschaften auf den Punkt, die den richtig guten Verkäufer, den Piranha Seller auszeichnen: Durch Fachkompetenz und Biss, also einer Mischung aus Fleiß und Ausdauer, bekommt der Verkäufer Anerkennung. Diese Anerkennung wiederum baut sein Selbstbewusstsein im Beruf Schritt für Schritt auf. Die Folge ist Optimismus und Zufriedenheit – beides Grundvoraussetzungen, um Begeisterung zu spüren und sie auch zu vermitteln. Umgekehrt gedacht heißt dies jedoch auch: Ohne Selbstbewusstsein kein Piranha Selling®! Von daher macht es Sinn, sich das Phänomen ‚Selbstbewusstsein’ beim Verkaufen einmal genauer anzuschauen.

Sprache als Ausdruck von Selbstbewusstsein

Ein wichtiger Indikator für das Selbstbewusstsein eines Verkäufers ist die Sprache. Es gibt mittlerweile zahlreiche Veröffentlichungen zu Themen wie Verkaufsrhetorik oder bestimmten Spracharten, stets mit neusten Erkenntnissen zu bestimmten Formulierungen, zielgruppengerechten Ausdrucksweisen und rhetorischen Stilmitteln, die im Verkaufsgespräch angeblich besonders erfolgversprechend sein sollen. Sicherlich hat vieles davon seine Berechtigung – dennoch reicht es meiner Meinung nach aus, sich mit einer guten Portion gesundem Menschenverstand dem Thema zu nähern.

Über Reizwörter, also Begriffe, die Sie unbedingt vermeiden sollen, da sie negativ besetzt sind, haben wir bereits im Zusammenhang mit Begeisterung gesprochen. Sie selbst werden wahrscheinlich im Laufe Ihrer Tätigkeit als Verkäufer weitere Reizwörter entdecken und sie durch andere, positivere Begriffe ersetzen.

Weglassen sollten Sie allerdings so genannte Phrasen und Worthülsen, also Begriffe ohne jegliche Bedeutung. Verkäufer, die Phrasen benutzen – und das sind leider immer noch viele – benötigen diese, um sich im Gespräch daran festzuhalten. Selbstbewusste Piranha Seller brauchen jedoch keine Phrasen, um ihr Gespräch zu gestalten und ihre Produkte anzubieten. Denn sie wissen ganz genau, dass Phrasen oft unangenehm beim Kunden ankommen und das Gefühl hinterlassen, der Verkäufer sei ein Schwätzer.

Phrasendrescher und Schwätzer sind schlechte Verkäufer!

Vermeiden Sie daher unbedingt Satzbausteine wie „Das steht sowieso fest ...“, „Was ich übrigens sonst noch sagen wollte ...“ oder „Dafür halte ich meinen Kopf hin ...“. Wenn etwas „sowieso“ feststeht, brauchen Sie es ja nicht zu erwähnen; Dinge, die Sie „übrigens sonst noch“ sagen möchten, sind scheinbar nicht wichtig, sonst hätten Sie darüber ja bereits geredet – und warum Sie Ihren Kopf für etwas hinhalten möchten, erscheint ziemlich übertrieben.

Auch all die vielen typischen Einschübe, die unsichere Verkäufer machen, um die Wahrhaftigkeit ihrer Aussagen zum Angebot zu unterstreichen, machen keinen Sinn. Denn Ihre Ehrlichkeit und Redlichkeit im Job setzt der Kunde voraus, wenn er mit Ihnen verhandelt – Bemerkungen wie „ehrlich gesagt“, „nicht wahr“, „wirklich und wahrhaftig“, „wir wollen doch mal ehrlich sein ...“, „so wahr ich hier sitze“ oder (ganz schlimm!) „da können Sie Gift darauf nehmen!“ führen zum Gegenteil und schwächen somit ihre Position. Ein Verkäufer, der erst im Laufe des Gesprächs „ehrlich“ wird, ist leider indiskutabel.

Von wenig Selbstbewusstsein zeugen auch sinnentleerte, absurde oder einfach dumme Bemerkungen wie „mit allem drum und dran“ (ja wie denn sonst?), „und so“ oder „und so weiter“ (wohin?), „und überhaupt“ oder „mehr oder weniger“ (wie jetzt? mehr? oder weniger?). Sie fallen meist dann in Verkaufsgesprächen, wenn dem Verkäufer nichts mehr einfällt, wenn er unkonzentriert ist oder durch Fragen und Einwände des Kunden aus dem Konzept gebracht wurde. Der Kunde registriert diese Schwäche sofort, da Sie für ihn an Sprache und Wortwahl ablesbar ist – und eine Chance aus Wiedergutmachung im weiteren Gespräch besteht für den Verkäufer praktisch nicht.

Superlative machen kleiner, nicht größer!

Auch wenn es zunächst absurd klingen mag: Superlative, also die zweite Steigerungsform eines Adjektivs, mögen eine Sache vielleicht stärken und vergrößern, der Verkäufer, der diese Worte benutzt, wird dadurch in seiner Position geschwächt. Denn Geschäftsleute, die es nötig haben, ihr Angebot zum Beispiel mit Attributen wie „das Beste/Schönste/Größte, was es gibt“, „völlig konkurrenzlos“ oder „absolut überragend“ zu bezeichnen, werden vom Kunden nicht ernst genommen.

Auch typische Mode- und Trendwörter, wie „geil“, „total in“, „mega“ oder „einfach hipp“ haben im Verkaufsgespräch ebenso wenig verloren wie die überflüssigen Bestätigungsformen am Satzende, die dann in Pseudofragen wie „gell?“, „oder?“ beziehungsweise „nicht wahr?“ münden.

Machen Sie sich in Ihrer Funktion als Verkäufer klar: Das, was Sie sagen, wird nicht nur auf Ihr Produkt oder Ihre Dienstleistung projiziert, sondern auch auf Ihre Persönlichkeit. Und je mehr Indikatoren für mangelndes Selbstbewusstsein Sie verstreuen, desto schlechter wird Ihre Ausgangsposition im Laufe des Verkaufsgesprächs. Bleiben Sie daher in Sprache und Ausdruck stets klar und eindeutig, dann erübrigen sich nachgeschobene Erklärungen, Bestätigungsphrasen und übertriebene Lobeshymnen!

Die Macht des Schweigens

Es klingt absurd, ist jedoch wahr: „Man kann nicht *nicht* kommunizieren“ stellte schon der Psychologe Paul Watzlawick fest – auch wenn man schweigt, drückt man dadurch etwas aus. Im Verkaufsgespräch ist Schweigen oft sogar eine besonders machtvolle Art, etwas zu sagen. Weniger ist manchmal mehr – und den Gesprächspartner oder das gesamte Gespräch ein wenig verharren zu lassen, macht unter Umständen Sinn. Außerdem ist Schweigen ein gutes Druckmittel, da viele Menschen Stille im Gespräch nicht ertragen. Wenn Sie also in Ihrer Rolle als Piranha Seller schweigen, fängt der Kunde an, die merkwürdige Stille mit Worten zu füllen – und das sind dann meist Informationen von unschätzbarem Wert.

Gerade wenn es um Preisverhandlungen geht, ist Schweigen ein probates Mittel, um einen Standpunkt zu vertreten. (Dies gilt allerdings leider auch für die Kundenseite). Auf Fragen, die vielleicht sogar unerwartet oder unangenehm sind, müssen Sie nicht wie aus der Pistole geschossen antworten – im Gegenteil: Nehmen Sie sich Zeit zum Nachdenken, das steht Ihnen zu.

Schweigen ist nicht jedermanns Sache. Man muss es einfach ertragen können, dass eine Situation dadurch in den Augen anderer peinlich oder seltsam wird. Und dazu braucht man eben eine gehörige Portion Selbstbewusstsein.

Piranha Point
Ob Sie es wollen oder nicht: Ihre Sprache verrät viel über Ihr Selbstbewusstsein! Auch wenn Sie sich vielleicht nicht immer ganz sicher fühlen, muss der Kunde das nicht erfahren. Bleiben Sie daher in Ihrer Sprache klar und authentisch und vermeiden Sie alles, was überflüssig ist – das wirkt.

Sprache und Verhalten in der Entscheidungsphase

Wenn sich ein Verkaufsgespräch dem Ende nähert, ist als Verkäufer erhöhte Aufmerksamkeit gefragt. Denn der Kunde sendet ganz klare Kaufsignale aus, die Sie sowohl inhaltlich als auch sprachlich erkennen müssen. Ihre Aufgabe ist es dann, zum Abschluss zu kommen und dabei das Produkt oder die Dienstleistung sowie Ihre Firma optimal zu vertreten. Dazu müssen Sie zunächst die unmissverständlichen Indizien verstehen, die den Kunde bewusst oder unbewusst als kaufinteressiert verraten.

Am einfachsten für Sie ist es natürlich, wenn der Kunde von sich aus äußert, dass er kaufen möchte. In dieser Situation sind alle weiteren Worte überflüssig und Sie können direkt zum Abschluss kommen. Doch so leicht ist es in den meisten Verkaufsgesprächen nicht! Relativ eindeutig ist die Tendenz allerdings auch, wenn von Kundenseite plötzlich Fragen nach dem „Danach" kommen, er sich also zum Beispiel nach Kundendienst und Wartungsmöglichkeiten erkundigt. Auch hier gilt: Keine Zeit verlieren und festzurren!

Nicht immer auf den ersten Blick zu erkennen, da oft als interessiertes Nachfragen getarnt, ist die Beschäftigung des Kunden mit Einzelheiten des Produktes oder der Dienstleistung. Redet er plötzlich zum Beispiel über Zubehör oder Sonderwünsche, hat er innerlich den Kauf bereits vollzogen. Auch ein spürbarer Anstieg der zustimmenden Bemerkungen könnten erste Hinweise auf die Identifikation mit dem Produkt sein – und damit auf Kaufinteresse deuten.

Eindeutiges Kaufinteresse ist vor allem jedoch an der Körpersprache des Kunden abzulesen: Gestik und Mimik sind auf das Produkt fokussiert, zustimmendes Nicken mit dem Kopf verdeutlicht die innere Bereitschaft des Gesprächspartners. Untrügliches Indiz ist der Moment, in dem der Kunde erneut nach dem Produkt greift; es also nach dem Kennenlernen sämtlicher Nutzenversprechen noch einmal „durch seine Brille“ betrachtet und mit den Händen nachspürt.

Piranha Point
Behalten Sie den Kunden im Blick und hören Sie aufmerksam zu, damit Sie die bewusst und unbewusst ausgestrahlten Kaufsignale nicht verpassen!

Der selbstbewusste Piranha Seller bleibt jetzt ruhig

Es ist endlich soweit: Der Kunde möchte offenbar Ihr Angebot wahrnehmen – und all Ihre Begeisterung hat sich gelohnt! Nun gilt es, auch in dieser Phase des Verkaufsgesprächs selbstsicher und ohne Leistungsabfall zu agieren. Oberstes Gebot ist jetzt Ruhe und Gelassenheit. Strahlen Sie mit Körper und Gesichtsausdruck freundliche Sicherheit aus, so dass die positive Grundstimmung erhalten bleibt. Vermeiden Sie neue Gesprächspunkte, die Sie von Ihrem eigentlichen Ziel wieder abbringen könnten. Dieser Fehler unterläuft weit mehr Verkäufern, als Sie sich vielleicht vorstellen können! Denn hier werden oftmals ganze Abschlüsse zerredet.

Der Kunde hat „ja“ gesagt – und nun?

Sie haben es endlich geschafft und nehmen selbstbewusst den Auftrag entgegen. Das dürfen Sie auch, denn Sie haben es sich verdient. Betrachten Sie den Kaufabschluss als Ihre besondere Leistung.

Doch mit dem Abschluss hört Ihre Beziehung zum Kunden natürlich nicht auf – im Gegenteil. Gerade im B2B-Bereich beginnt jetzt die sehr zeitintensive Arbeit der Kundenpflege, die jedoch für weitere Geschäfte mit Ihrem Kunden extrem wichtig ist. Zeigen Sie dem Kunden, dass er Ihnen auch nach dem Abschluss wichtig ist, dass Sie ihn als Person wertschätzen und respektieren. Lassen Sie die Zügel nicht schleifen, denn Verkaufen hört nicht mit dem Abschluss eines Vertrages auf. Achten Sie vor allem dann, wenn Sie im Außendienst tätig sind, darauf, dass die Kunden, die Sie mühevoll ins Unternehmen hereingebracht haben, nicht hinten unbemerkt wieder hinausfallen. Denn vergessen Sie nicht: Es ist bis zu siebenmal aufwändiger, einen Neukunden zu begeistern und zu gewinnen, als einen bestehenden Kunden zu pflegen.

Berufsbild Piranha Seller? Selbstverständlich!

Hier schließt sich nun der Kreis. Sie haben gemeinsam mit mir damit begonnen, die tatsächliche Situation vieler Verkäufer zu beschreiben, um festzustellen, dass ein erheblicher Handlungsbedarf besteht. Sie haben sich dann darauf eingelassen, einen ganz neuen und sehr erfolgreichen Verkäufertypus, den Piranha Seller kennen zu lernen – und Sie haben sich damit auseinandergesetzt, welche vier Piranha-Faktoren ihn erfolgreich machen: „Begeisterung fühlen“, „Begeisterung vermitteln“, „Fachwissen“ sowie „Ausdauer und Biss“.

Jetzt heißt es für Sie: Bleiben Sie am Ball! Trainieren Sie zu jeder Zeit, um fit für Ihren Job als Piranha Seller zu sein – es zahlt sich nachhaltig und langfristig aus.

„Nichts ist so stark wie eine Idee, deren Zeit gekommen ist.“
Victor Hugo

Danke

Verkaufen lebt von der Begeisterung, die man fühlt und weitergibt, von Ausdauer und dem richtigen Biss. Doch nicht nur Piranha Seller benötigen diese Eigenschaften, auch beim Schreiben eines Buches sind Piranha-Faktoren gefragt. Umso mehr hat es mich deshalb gefreut, dass ich im Verlauf der Arbeit an diesem Buch vielen Menschen begegnet bin, mit denen ich meine Ideen teilen konnte, nicht zuletzt auch den vielen Kunden und Teilnehmern meiner Trainings. Sie haben mit mir leidenschaftlich über das Buch diskutiert, haben mir Anregungen gegeben, mich inspiriert, unterstützt und mir somit geholfen den Traum dieses Buches, den ich seit langem in mir trage, nun zu verwirklichen. Ihnen gilt mein Dank an dieser Stelle.

Insbesondere sind dies:

Klaus-Georg Floren, der kreativ bereicherte
Carola Kupfer, die den Autor kritisch beäugte
Joachim Kurz, der half den Überblick nicht zu verlieren
Konstantin Schmidt, der auf die Melodik achtete
und Renate Traub, die mir viel Kraft gab.

Sascha Bartnitzki *Karlsruhe, August 2003*
Piranha Seller

Der Autor

Sascha Bartnitzki ist Experte für Verkauf und Kommunikation. Selbst seit 1989 im Verkauf tätig, weiß er genau, auf was es ankommt und was erfolgreiche Kommunikation ausmacht. Seit 1995 arbeitet er als Verkaufstrainer und Inhaber des Unternehmens IPT® Innovatives Personaltraining. Sascha Bartnitzki ist Urheber und Markeninhaber des Begriffes, der Strategie und der Konzeption von Piranha Selling®. Er ist einer der wenigen Trainer, der mit seinen Teilnehmern die gelernten Inhalte der Seminare in die Praxis umsetzt. Denn in seinem Training-on-the-job-Programm begleitet er die Teilnehmer seiner Trainings direkt an den Arbeitsplatz, also an den Point of Sale. Der Erfolg spricht für das Konzept von Sascha Bartnitzki. Trainings voller Dynamik und Lebendigkeit, die das Feuer der Begeisterung nicht nur entfachen, sondern auch lehren, das Feuer am Brennen zu erhalten.

Mehr Informationen zum Unternehmen IPT® Innovatives Personaltraining und zu Sascha Bartnitzki sowie den Strategien von Piranha Selling® erfahren Sie unter:

Internet: http://www.innovatives-personaltraining.de
http://www.piranhaselling.de

Literaturempfehlungen

Bandler, Richard / Donner, Paul:
Die Schatztruhe – NLP im Verkauf. Neue Wege und Übungen zum Erfolg.
Paderborn 1995

Bayer, Malte C.:
Ein Werber packt aus! Direktmarketing nach Plan.
Lahr 2003

Berg, Wolfhart:
Mit den Wölfen heulen. Tipps und Tricks für eine Karriere auf die fiese Art.
München 1997

Geffroy, Edgar K. / Schröder, Manfred:
Verkaufserfolge auf Abruf in der Automobilbranche.
Landsberg am Lech 1994

Greff, Günter:
Telefonverkauf mit noch mehr Power.
Wiesbaden 1998

Seidl, Conrad / Beutelmeyer, Werner:
Die Marke Ich. So entwickeln Sie Ihre persönliche Erfolgsstrategie.
Frankfurt / Wien 1999

Eigene Notizen für den festen Biss